無明からの目覚め

迷いや悩みを超えて人生を幸せにする道

谷川理宣
—Risen Tanigawa

法藏館

推薦の辞

龍谷大学名誉教授
浄土真宗本願寺派勧学　　林　智康

このたび、永年親交のある、九州（佐賀）龍谷短期大学の元仏教科教授であり、武雄市にある浄土真宗本願寺派圓照寺住職の谷川理宣先生が、『無明からの目覚め』を法藏館から刊行されましたことを、心よりお慶び申し上げます。

私自身も、昭和五十七年（一九八二年）四月から、昭和六十二年（一九八七年）三月までの五年間、九州龍谷短期大学の仏教科専任講師および助教授として在職しており、谷川先生と一緒に学生の教育指導や学校運営にも関わっていました。その後、私が京都の龍谷大学へ移った後の、平成四年（一九九二年）三月に、谷川先生と共に『歎異抄事典』（柏書房）を編集し刊行したことも懐かしく思い出されます。

谷川先生は、主に漢訳仏典について研究されていますが、真宗の教義にも深い関心を持たれており、特に親鸞聖人の主著『顕浄土真実教行証文類（教行信証）』一部六巻における引用文とその原文とを比較した「比較対照表」を作成して、その成果を『九州龍谷短期大学紀要』に次々と発表されてきました。

また、谷川先生は、寺院住職としての責任を強く感じておられて、法務も自ら積極的に行なわれています。「学仏大悲心」「自信教人信」を、日常の念仏生活を通して実践されている方です。

このたび刊行された著書は、NHKのテレビとラジオで放送された二篇と、諸誌に書かれたもの六篇と、新たに書き下ろされたもの一篇の、計九篇から構成されています。

その中で、NHKEテレの「こころの時代」で放送された、金光寿郎氏との対談「いのちの大地の上で」と、新しく書き下ろされた「呼び声は西風に乗って」には、「風船の譬え」を図示され、先生独自の仏教観や真宗観が窺われます。とても興味深く感じられます。

全体的に、谷川先生の深い思索を通して解かり易く記述されており、多くの方々がぜひ一読されますことを望みます。

平成二十八年（二〇一六年）六月

無明からの目覚め　目次

推薦の辞　龍谷大学名誉教授
浄土真宗本願寺派勧学　林　智康

凡　例

一、引用文献、および本文の漢字は、常用体のあるものは、常用体を使用した。

一、引用文献は、以下のように略記する。

『真宗聖典』（東本願寺出版部刊）……………………「聖典」

『浄土真宗聖典―註釈版　第二版』（本願寺出版社）……「註釈版」

『浄土真宗聖典　七祖篇―註釈版』（本願寺出版社）……「七祖篇」

『真宗聖教全書』……………………………………「真聖全」

一、真宗聖教の引用は「聖典」に依った。さらに、読者の便を考慮して、「註釈版」の該当頁数を併記した。

無明からの目覚め

I　無明からの目覚め

一、無明からの目覚め

＊聞き手・金光寿郎氏

一　思いの自分と真実の自己

金光　谷川先生の著書を拝見しますと、「自分というもの」と「真実の自己」というものとを区別してお書きになっていらっしゃいまして、真実の自己に出遇うのが仏法本体の目的の本質的なところだと。ところが現代という時代は、これだけ文明が発達していても実はその自分自身がよくわかっていないといいますか、無明の世界、明るさが無いとか、何も知らない、わからないという意味の「無明《むみょう》」ですけれども、独立自尊だとかですね、もっと自分を確立しなきゃいかんとか、そういう言葉はよく聞くわけですけれども、そのこと自体がどうも「無明の世界」というふうにお考えになっていらっしゃるようですが、ちょっとそのへんのところを、そこからどういうふうに抜け出せばいいのか、今いった「自分」と「自己」との違いというものをどうやれば気がつくのか、仏法というのはそこをどう狙っているのか、そのへんのお話をお聞かせいただきたいと思うんですが。

谷川　根本的には、「仏法というのは自分を知る」ということを教えているわけですが、その自分を知るというのは、いかに自分が自分の想いだけで自分を捉えているか、あるいは世界を見ているか。そのことに気づかせていただくというのが、仏法だと思うんです。ただ、その自分を知るといった時に、私たちは「科学の知」といいますか、分析的な知恵でもって捉えられると思う。そうすると、見る自分と見られる自分というのが、必ず分けられるんですね。それでは、見られる自分は分かっても、それを見ている自分は見えていない。そのことに私たちは気がつかない。自分のことは自分がちゃんとわかっているといいがちですけども、実は仏法の世界からみると、見る自分というのが残っている。そのことが、実は私たちをある意味で、仏法の言葉でいえば「無明」といいますか、真実の智慧が無い、本当のものが見えてないということですね。そのことに気づかせていただくには、実はその私を超えたもの、私の思いを超えたはたらきそのもののはたらきに出遇うことが大事だという。そのことがないと、自分というものが照らされて全体が見えない。そのことを知らせていただくというのが、仏法の一番根本だと思うんです。

そういう自分というものが、じゃあ、どうやったら知らせていただけるのかということですけれど、実はその自分というのを知らせてくださる、あるいは気づかせてくださるというのは、私はこういう者であるとか、あるいはああいう者であるというふうに考えたところには、なかなか出てこない。むしろある何かのきっかけをもって、自分が大事なことが分かっていなかったと、そういうことに気づかされるということがあるんですけれども。

二　幸せの公式

私たちが考えている幸せといいますか、本当にこうなったら幸せになれるんじゃないかという方向を、私たちはずっと、まあ、いってみれば、人間の歴史というのは持ってきたんだと思うんですけど。その方向が現代社会でいえば、良い大学へいって、良いところへ就職して、一杯お金を儲けたら、豊かな生活ができて幸せになれるという、ある種の単純な公式を持っているわけです。しかし、それが実は私たちを縛っている。その私たちが作り上げた幸福の公式というのは、実は人間の頭の中で作った世界である。それが真実であるかということを、私たちは一度も真剣に問うてない。問うてないということは、もうそういうものだと思っているものですから、それに対して疑問を持たない。

しかし、それは本当にそれで幸せになれるかということを問いかけるものが、私たちが自分の思うようにならない現実の出来事にぶつかったときに、はじめて問われてくる、これでいいのだろうかと。こういうことが幸せの道だと、一生懸命やってきて何かにぶつかった時に、自分の力では、あるいは現代社会のいろいろな知恵、知識などを持ってきてももう間に合わない。どこかで私たちは、神様、仏様助けてくださいという。しかしそれは、私の願望の世界であって、それをどんなに膨らませて、あるいは私たちの思いを、あるいは私たちのまわりにお金や物を一杯積み上げてみても、私たちは私の思いの世界を出ることができない。そのような私たちの思いの中で右往左往している。そのことに私たちは気がつかなくて、あの人は幸せだとか、自分はどうもうまくいかなくて不幸だとか、勝手に考えている。

三　思いを超えた世界に気づく

そういう、私たちのありさま全体を照らすものといいますか、そういう世界が私たちの思いを超えてあるんだと、その思いを超えてあるんだということに気づかせていただくと、実は私たちの世界がある種一変する。そういう世界が実はある。あるいは自分の現在の状態が自分にとってどんなに都合が悪かろうと、そのまま引き受けて歩いていける。そういう世界がちゃんと与えられている。そういう世界が、実は恵まれてくる。ただ、私たちの思い、意識がなかなかそこにいかなくて、自分の思いの中で右往左往していて、人間の思いの中でなんとか解決できるんじゃないかと考えているわけです。

いろいろな問題が出てくると、最近の一つの方向では、しつけが悪いとか道徳教育がどうだとか、いろいろなそういうことがいわれるんですけれども、それも実は、全部人間の頭の中の世界のものです。その人間の頭の中の世界を超えた世界に出遇うと、実はそのまんま、そのまんま「私が私で良かった」といえる世界をちゃんと生きさせてもらえる。そういう世界があるということに気づかせてくれるのが仏法だと、私は思っています。

金光　そうしますと、普通は自我、自分に囚われた欲望や世界だと、自分が嫌なものはできるだけ避けたい、そういうところから逃げたいと。ところがそうじゃなくて、逃げても逃げられるものではないと。むしろ、これを真正面から受け取ってごらんなさいと。でも普通の自我の世界で考えますと、落ち込んでしまうんじゃないかと思うんですが、それはどうもそうではない世界があると。そういう世界が、不思議にそこに出てくるわけですね。

谷川　そこに出てくるんですよね。不思議にそれを引き受けようと、ここしかないんだというところに立つと、実はちゃんとそれを引き受けて生きていける世界が与えられている。それがある意味で、非常に不思議なんだけれども、私たちの心の場が、いわゆる自我の場から仏様といいますか真実の自己といわれる、そういう自分自身がもうどうしようもない、逃げ出したいと思っている思いが転ぜられてくると、そうすると、そのまんまでちゃんと歩んでいける、そういう場所をあるいは世界を与えられてくる、開かれてくる。

それが仏法のはたらきだと思うんです。

四　ご縁のままで

身近なところで、私にご縁があった方なんですけれど、中学生の子どもさんが小さいころから体が弱かったのですが、自分も美容院をやられていて、仕事が忙しいこともあり、また確かにお金は入ってくるものですから、そっちの方に引っ張られて、子どもさんを充分に手をかけて見てやれなかった。それで、子どもさんは、中学生の時に亡くなられたのです。そうすると、非常に落ち込まれるわけです。自分のせいで、子どもは早く亡くなったんではないかと考えて。美容院もやめたりして、精神的にも完全に参ってしまわれる。それで心療内科の方へ行かれたり、仏法を自分なりにあちこち聞いたり本を読んだりされたそうです。なかなかすっきりしないものですから、そういうことでたまたま私が勤めていたところに短大に聴講に来られたんです。本当に一生懸命、二年ほど聴講に来られるんですけど、私が二年後に辞めたものですから、その後は、私の寺の方にずっと通って来られました。

そういう形で仏法というものを聞いていかれる中で、どうしようもない自分の思いというものを包んで、そのまんまでちゃんと歩める世界があるんだと。その世界を如来は、実は私たちに与えられていると。そのことに気づかれた時に、安心して生きられる世界に気づかれる。そういう心の転換といいますか、それが出来たんです。その、子どもさんが亡くなったというのは、私のせいだという思いがどこかにあったんですね。それを、そうではなかったんだと。ご縁の世界で、子どもは子どものいのちを精一杯生きてきたんだと。それで、その真実のいのちの世界に自分も包まれている。私も子どもが帰った世界、お浄土に生まれる道がある。そういう世界を頂戴できる。あるいは、そういう世界を歩んでいこうと思った時に、実は安心して子どもを受けいれていける、子どもと共に生きていく場があった、与えられていた。そうすると今までの苦しい思いというものから解き放されて、今では明るく元気になられて、ずっと仏法を聞きながら過ごしておいでになります。

五　自我の思いの世界、風船の中

金光　そうしますと、その方の場合は自分の思いで、私はああすればよかったとか、もっとこうすればよかったんじゃないかとか、そこのところをぐるぐるぐるぐる廻っているいろな思いが膨らむでしょうけれども、いくら考えてもそこのところから抜け出せない。ところが、先生の話を聞いていると、どこかで教えを聞いていると、どこからか光が来て、どこかでその思いが、たとえば、風船にたとえると、風船がぱっと破れる、そこに二つの世界がつながる、ひとつになる。そんな感じでしょうか。

谷川　そうだと思います。自分の思いの中にいると、その思いから出られない。

金光　どんなに思いをめぐらせても外へ出られない。

谷川　それが、仏法の言葉でいえば、親鸞聖人などは「無明の酔い」という言葉で教えてくださるんです。自分の思いでは、一生懸命に真実の世界を求めているつもりだけれども、逆に、それが自分を縛っている。しかし、自分の思いの中では、その闇に気づけない。いかに自分が自分の思いの闇の中に沈んでいるかということを、知らせてもらう教えに出遇う、光に出遇うと、その闇が自分に見えてくる。そうすると、見えてきた闇を手放すことができる。そういう世界に立たされると、いろいろな意味では苦しいんだけれども、しかし、安心して苦しんでいける、そういう世界が頂戴できるんだと思います。

六　闇の中の自分に気づく

金光　最初のころ、悩んでいらっしゃるときに、「そんなに悩まなくてもいいんですよ」といわれたって、悩みが消えるわけではないですね。自分で手放そうと思っても離せないですよね。やっぱり外からのというか、自分の思いが何らかの形で破れる。自分の思い込みが壊れる。私たちは、自分の思い込みに気がついていない。気づかされるということが、破れるということかもしれませんが。その時に新しい、「あっ、こういう世界があったのか」ということに気づく、気づかされるということでしょうか。

谷川　そうですね。だから、自分が闇の中にいるということは、闇の中にいるかぎり気がつかない。やはりそこに、外からの光というようなものに照らされて、「あっ、自分は闇の中にいたんだ」ということに気づく。

そういう光の世界がある。私たちの思いを超えて光の世界があるということを、現代の時代は忘れている。自分の思いの世界、元東京大学の医学部の教授であった養老孟司先生は、それを「脳化社会」といわれていますけれども。現代社会を生きている私たちは、自分の頭の中だけで考えた世界を本当だと思っている。けれどもそれは、人間の思いの世界に過ぎなくて、実はその人間の思いの世界を超えて、もう一つ大きな世界がある。その世界から、私たち人間が生きている世界がいかに迷っているか、そのことを何とかして私たち人間に知らせよう、教えようとしてはたらいてくださっているのを、仏教の浄土の教えでは、「南無阿弥陀仏」「お念仏」というんだと教えられているんだと思います。

その「お念仏」という、真実の光、真実の教えというものに出遇ってはじめて、私たちは、自分の迷い、真実に闇《くら》いということに気づかされる。

そうすると、そこに、明るい世界、真実世界があったということに気づかされる。同時に自分が、真実に闇《くら》い迷いの存在であったということに気づかされる。親鸞聖人の言葉でいえば、「地獄は一定《いちじょう》住み家の私」「地獄堕ちの私」ということを知らされる。そして、その堕ちるまんまが、実は私を超えた大きな世界に包み摂《と》られている私、抱かれている私ということに気づかされる。

そういう世界を、仏法というのは、私たちに明らかにしようとしていると、私はいただいています。

そうすると、真実の世界があるということに気づくということが、仏法というものの目的だと思います。自分でそのことに気づこうとすると難しい。『歎異抄』の言葉でいえば、

日ごろのこころにては、往生かなうべからずとおもいて、

（聖典六三七頁、註釈版八四八頁）

と、自分の思い、人間の思い、自力では届かない。風船の外には出られない。しかし、人間の思いの外からの光に出遇うと、外からのお照らしに出遇うと、外の世界と一つに成れる。真実の自分の相《すがた》に出遇える。その自分の思いを超えた世界に、自分の足場、立脚地を置いたときに、私たちはこの苦悩の娑婆世界を、安心しておまかせして歩んでいける。そういう世界を、頂戴できるんだと思うんです。

七　真実の自分を知るということ

金光　風船の譬えでお話いただいたんですが、現代の地球全体のことを考えてみても、みんなが便利なように快適にと、どんどんどんどん、いくら行ってもやっぱり風船の中ですね。だんだん膨らんでいっているだけですね。今おっしゃった、違う世界というか、本当の世界、人間を超えた世界からの光は、その中には差し込んでいないということですね。

今お話なさった中で、息子さんを亡くされたお母さんは、息子さんが帰った故郷、その世界に、今すぐ行けるわけではありませんけれども、でもこの娑婆世界だけではない、もうひとつ違った世界に足場が掛かったということですね。それで元気になった。だから地球の場合でも、地球の外からの世界、もうひとつの違った世界、自分の思い、欲望を満たすだけの世界でない世界に足場を広げないと、地球自体もおかしくなるという気がしますが、その故郷に気がつくにはどうすればよろしいんですかね。

谷川　これは、基本的には、特に浄土真宗の場合は、自分を知るということ。自分というのは、いかに自分勝手な生き方をしているのかということを知ることです。

金光　それは、仏法全体がそれをいっていますよね。

谷川　そうです。特に浄土真宗の場合は、それを罪悪深重《ざいあくじんじゅう》、煩悩具足《ぼんのうぐそく》の凡夫といっています。

金光　「汝自ら当に知るべし（汝自当知）」（『無量寿経』聖典一三～一四頁、註釈版一四頁）というのがありますね。

谷川　そうですね。『無量寿経』という経典にある言葉ですけれども、「汝自ら当に知るべし」といわれますけれども、自分では自分を完全に知ることが出来ない。そうすると、自分全体の相《すがた》を知らせてくださる教えとか、光というものに出遇う必要がある。そういう自分を超えた世界、はたらきがあるということを聞かせていただく、知らせていただく、教えられるということが大事なことだということです。そういう世界を、禅宗なんかの人は、座禅なんかを通して、そういう世界を体験なさろうとされているんだと思います。浄土真宗では、教えを聞く、聴聞《ちょうもん》ということでもって、そういう世界があるんだと教えていただく。そういう自分の思いを超えた世界に照らされて、見えてくる自分というのは、「地獄一定の私」「たすかるような私じゃなかった」と、本当の自分が知らされる。それを浄土真宗では、機の深信《じんしん》といっています。

八　自我崩壊、即真実の自己の誕生

もう一ついえば、「自我崩壊」ということで、金子大榮先生はお教えくださるんですが、その自分の世界というものが粉々に砕かれ崩壊する、立っている場が無くなる、自我の壁が破れるということを通して、絶対真実の世界というものに気づかされる。それが同時に、私の上に成り立つということを、親鸞聖人という方は、真実の信心をいただくと、教えくださるんだと思います。

そういう仏法のご縁というものを通さないと、ただ知識的にいろいろなものを身につけても自分は知らされない。仏法的には、本当に聞いたということにはならない。自分を通さないで、ただ知識的に聞くということは、風船が大きくなるだけであって、風船が破れるということはない。風船が破れるためには、外からの光、私を超えたものに触れることによって、はじめて自分が知らされる。「ああ、そうだった」と、頭が下がる世界、「南無・帰命《きみょう》」をいただく。

非常に面白いことを、北陸の石川県の松本梶丸さんというご住職が、本の中に紹介してくださっているんです。ある小学校の授業の時に先生が、理科の授業の時に、害虫というものはこういうものだ、益虫とはこういうものだと説明した後に、生徒に何か質問はないかと問いかけた。そうすると日頃腕白な生徒さんが、「先生はどっちですか」と問うた。そう問われて、先生答えようがない。どうしても答えられないもんだから、それが先生の問題になって、はじめて「自分」というものが問われてきた。それがご縁となって仏法を聞きはじめられたということを、紹介されています。

その自分というものについて、知識としてはいろいろあるんですけれども、根本的には、それが自分にとってどういう意味があるのかと問うところに、大事な視点というものがあるんじゃないか思うんです。

金光　やはり、その人その人にとって、ある言葉も、ちょうどいいタイミングでということがあるみたいですね。

谷川　そのためには、なにか仏法のご縁というか、仏法の書物でもいいんですけれども、日頃どこかで触れていることが大事だと思うんですね。

九　悪いと知ってする、知らないでする

金光　谷川先生のご本の中に、何か悪いことをするのに、悪いと知っていて悪いことをするのと、悪いと知らないで悪いことをするのと、どっちが悪いかというと、知らないで悪いことをするほうが悪いんだというようなことを、書かれてありましたが。

谷川　一般的にいえば、悪いと知っていて悪いことをするのと、知らないで悪いことをするのと、どっちが悪いかといえば、悪いと知っていて悪いことをする方が悪いといわれます。「お前は、悪いと知っていて、なんでそんなことをするんだ」と、余計叱られま

す。ところが、知らないで悪いことをすると、少し軽く見られることがあるんですが。

金光　そうですね、酔っ払って何かをすると無罪になることもありますね。

谷川　実は逆なんですね。悪いと知らないから、余計に悪いことが出来るんですね。悪いと知っていると、どこかで加減する。一番悪いことが出来るのは、自分では善いことだと思って、とんでもない事をやる。戦争なんて、その典型だと思いますけど。そういうところに、仏法の眼というものがあるんだと思います。

十　自分の無明さに気づく

金光　そういうことがあるんだと思いますが、仏法では、自分が「罪悪深重」だとか、「負けなさい」とか、それから「人に仕えなさい」とか、余り景気が良くないということがよくいわれますが、これは、実際問題としてはどういうことになるんですか。行動としては、びくびくするわけではないでしょう。

谷川　そうです。そうじゃないですね。お亡くなりになった教育者で、兵庫県のお寺のご住職でもあった東井義雄先生が、ある本のなかで、大分県の日田のおじいちゃん、おばあちゃんの話を紹介されています。おばあちゃんは、念仏者であったらしいんですが、そのおばあちゃんが中風か何かで倒れて、寝たきりになったので、おじいちゃんが世話をせんならんようになった。そこで、あのおじいちゃん非常に困っているだろうということで、日頃の仏法の友達がお見舞いにやって来られた。

そうすると、そのおじいちゃんが、実は今朝ほどもこういうことがあったといって、話をされたということです。

「今朝がた、おばあちゃんが粗相をして下着を汚したんで、若嫁さんが洗ってあげるといったけれども、おばあちゃん、それじゃあ少し遠慮があるだろうと思って、『いや、自分が洗ってあげる』といって、結婚して以来はじめて洗ってあげた。そして表のほうに干すと近所の人の手前もあるだろうと思って、裏庭の物干しの方へ干そうとしたら、『おじいちゃん』という呼び声がした。振り返ってみると、ちょうどおばあちゃんの休んでいる所から物干し台が見える。見ると、『おじいちゃん、勿体のうございます』といって、おばあちゃんが手を合わせていた。それでビックリした。もう結婚して六十年ぐらい生活しているのに、はじめて一回だけ下着を洗ってやった。それなのに『勿体のうございます』といって、おばあちゃんが手を合わせて頭を下げてくれた。いままで六十年間、自分の日頃の生活をおばあちゃんにまかせっきりで、それを当り前にしていた。自分はなんて身勝手な、愚かな、罰当たりのものなのか。その時はじめて気づかされた」

そんな話を、おじいちゃんがされたというんですね。

十一　無明から目覚め

そういう、日頃当り前にしていることで、気づかずにいることが、私たちを支え生かしているはたらきが、私たちの周りに一杯ある。それゆえに私たちは、ある意味で安心して生きていけている。実は、そういう目の前の事実に気づかずに、当り前だと思っていることを、「罪悪深重・煩悩具足の凡夫」といわれているんですね。

私たちの気がつかない、大きなはたらきの世界に支えられてはじめて、ある意味で、身勝手に自分の思いで生きている。黙って私を支えている世界があった、はたらきの世界があったということに気づかせてもらうということが、「南無阿弥陀仏」のお念仏の世界だと思います。

金光　無明の世界に気づく、無明の世界から目覚めると、そういう世界に気づくことが出来るということですね。

谷川　無明の世界というのは、自分を縛っている世界、閉じ込めている世界ということです。その閉じ込められているものを、自我の壁を破って開いて、真実の世界に出させてくださるもの、それが真実の光であり、真実の教えだと思います。

金光　どうもありがとうございました。

二、いのちの大地の上で

＊聞き手・金光寿郎氏

一　はじめに

佐賀県の西部にあり、古い温泉地としても知られる武雄市。この地を訪れた日は、北からの寒波に見舞われ、朝から散らついていた雪が次第に本降りとなり、気温が摂氏五度を超えない寒い一日でした。今回はこの武雄市朝日町中野というところにある圓照寺の住職であります谷川理宣さんをお訪ねします。谷川さんは昭和一六年（一九四一年）のお生まれ。時代により風土によりさまざまに表現されている世界の宗教にも、「有限である人間」と「無限の世界」との関係を自覚する共通の基本構造があることに注目し、有限と無限の関係を分かり易い図や言葉で伝えようとしておられます。今日は、その図を見ながら谷川さんのお話をうかがいます。

金光　谷川先生のご経歴をうかがいますと、お寺のご出身でありながら、最初の大学は佐賀大学の経済学部へ進んでおられますね。これはまた、どういうところからなんでしょう。

谷川　私自身がお寺のお坊さんに成りたくなかったということがあって、経済学なら面白いかなと思ったものですから、そういうことからケインズ経済学をやりました。当時はマルクス経済学が圧倒的に強かったんですけれど、僕はケインズの方が面白いかなと思ってやりました。

金光　そうですね。近代経済学といわれていましたけれども。マルクス経済学か、それでなければ近代経済学ということで、そちらの方をお選びになったということですか。それで、そこはご卒業になったわけでしょう。

谷川　はい、卒業して会社勤めを数年やりました。

金光　あ、お勤めになって、その後で宗門の大学である龍谷大学の方へ行かれたのですね。そこでは何をやられたのですか。

谷川　龍谷大では、仏教学をやったんです。これも浄土真宗のお寺だったけれども、真宗学というとどうしても狭いという気がしたものですから、一応仏教学をやって、その上で考えてみようということで、仏教学をやりました。

金光　仏教学といっても、いろいろ幅が広いわけですが、ご関心があったのはどの方面だったのですか。

谷川　そうですね。これも私の勝手な思いで、語学があまり達者でなかったものですから、漢文なら何とか成るだろうという思いで、中国の仏教思想史、そういうのを勉強しようと思って。たまたま当時、京都大学の人文科学研究所の教授をされていた福永光司先生が、龍谷大学の方へ講義においでくださっていたので、先生にお願いして研究会、人文科学研究所内の中国中世思想史研究会にも出させてもらったんです。

金光　それで龍谷大学が終った後で、福永光司先生が勤めておられた京都大学の人文科学研究所の先生の研究会に入られたわけですか。

谷川　そこで毎週一回研究会があって、中国の唐代の仏教の文献を読んでおられたんです。ちょうど京都大学の先生を中心にした研究会だったんです。そこに出させてもらって、聴講生から共同研究員という形で入れてもらったんです。

金光　そして、そこを終えられて九州龍谷短大の先生の方へ移られたんですか。

谷川　はい。短大のほうでもやはり仏教学が中心で、それに漢文仏典を読めるということで、浄土真宗の聖典である「浄土の三部経」を読んでくださいということで、そういうのを学生さんと一緒に読んでいたんです。

金光　なかなか難しいものですね。それをある程度お勤めになられた後で、ここのお寺のご住職に成られたわけですか。

谷川　そのころまだ父が元気だったものですから、短大に勤めながらですが、父が、住職はすぐ譲るということで、住職になってからもう三十年近くなるんですが。大分長いこと両方兼ねてやっていました。

二　私の仏教理解—風船の譬え—

金光　そういう一般の学生さんを相手になさるご経験、あるいはこちらのご住職として門徒の方にお話をするというご経験をなさりながら、仏教をしかも広い立場でご研究になったところで、だんだん谷川先生流の仏教理解というものが熟してきたんじゃございませんか。

谷川　そうですね。特に若い学生さん、仏教の話なんか聞いたことも無い、仏教なんか興味もないという人たちに、仏教の世界というものがあるんだ、そういう世界を何とか伝えたい。それでいろいろ工夫して、一般の方が書かれている詩とか、短い文章などから、仏教に関する捉え方を引っ張り出すということを盛んにやっていたんです。

金光　そういう思索の集大成かなと思うんですが、先生は人間の心を風船に譬えて、図にしていらっしゃるということで、先生のお考えになったものを図にしていらっしゃるものを参考にして、こういう表を作ってきておりますので、これを見ながら、人間の心、仏教、あるいは宗教というものがどういうはたらきをしているかということを、聞かせていただきたいと思うんですが。

風船の譬え（世界は二重構造）①

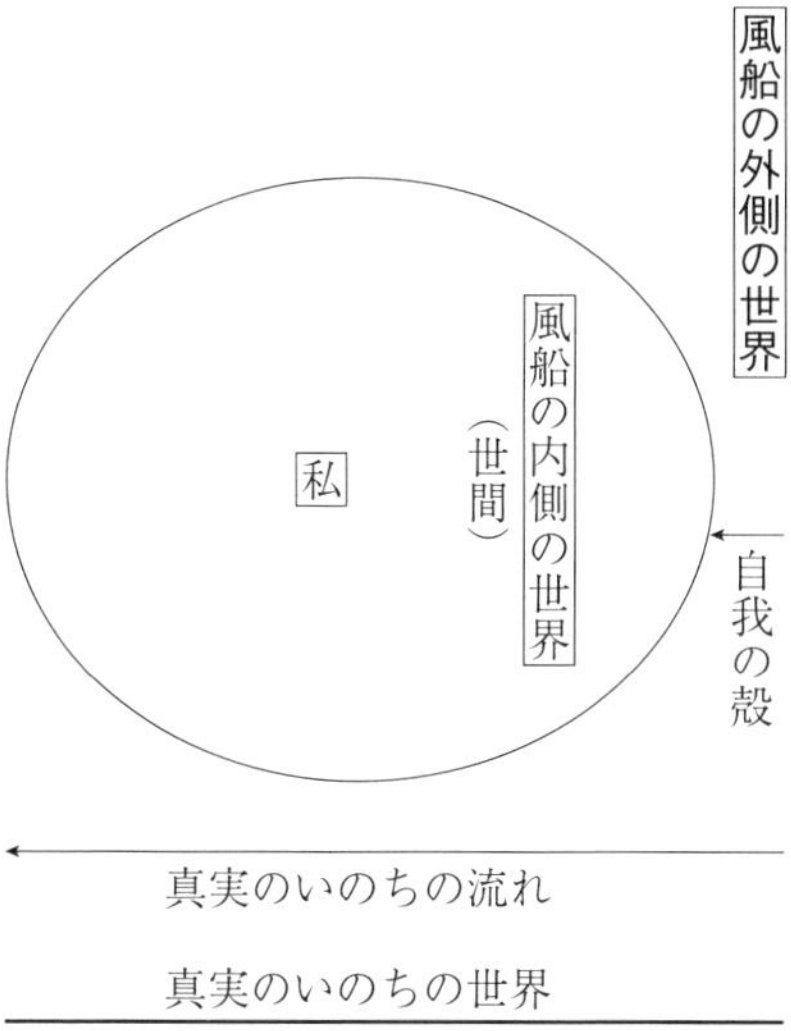

これが先生のお書きに成られた風船ということですね。その中心にいるのが「私」ということですが、赤ん坊として生まれた人間は、最初は無意識で、それからだんだんと周囲の出来事に関心を持っている間に、自分は気持ちが悪いとか、お腹が空いてて泣くとか、それからだんだんと言葉を覚えてくるという成長の段階にくるわけですが、そのへんの人間の心の成長というものは、この風船の譬えではどういう風に説明なさいますか。

谷川　そうですね。生まれてきた時には、「自分」という意識があまり無い。いのちを与えられたまま精一杯生きている。

金光　あまり「私」というものは大きくないわけですね。

谷川　それがだんだん成長して、一般に三歳ぐらいからだといわれますが、「私」というものを意識しだす。すると次第に、「私」というものがあらゆるものの中心になる。そうなると、「私」というもので自分の枠を作っていく。そして、その中でいろいろなものを捉まえていく。たとえば、「いのち」ということも、与えられたいのち、いただいたいのちだけれども、それを「私のいのち」というように、「私」というものを立てて、与えられたいのちを自分の中に取り込んでいく。それが風船の内部ということです。

金光　そうすると、その時はまだ、本当は、今与えられたいのちとおっしゃいましたけれども、私を支えているいのちのはたらきというのは、まだ意識の中には入ってこない。

谷川　入ってこないですね。

金光　それも全部「私だ」と思っている。それがだんだん膨らんでくると、すべてが「私のいのち」だと。

風船の譬え（世界は二重構造）②

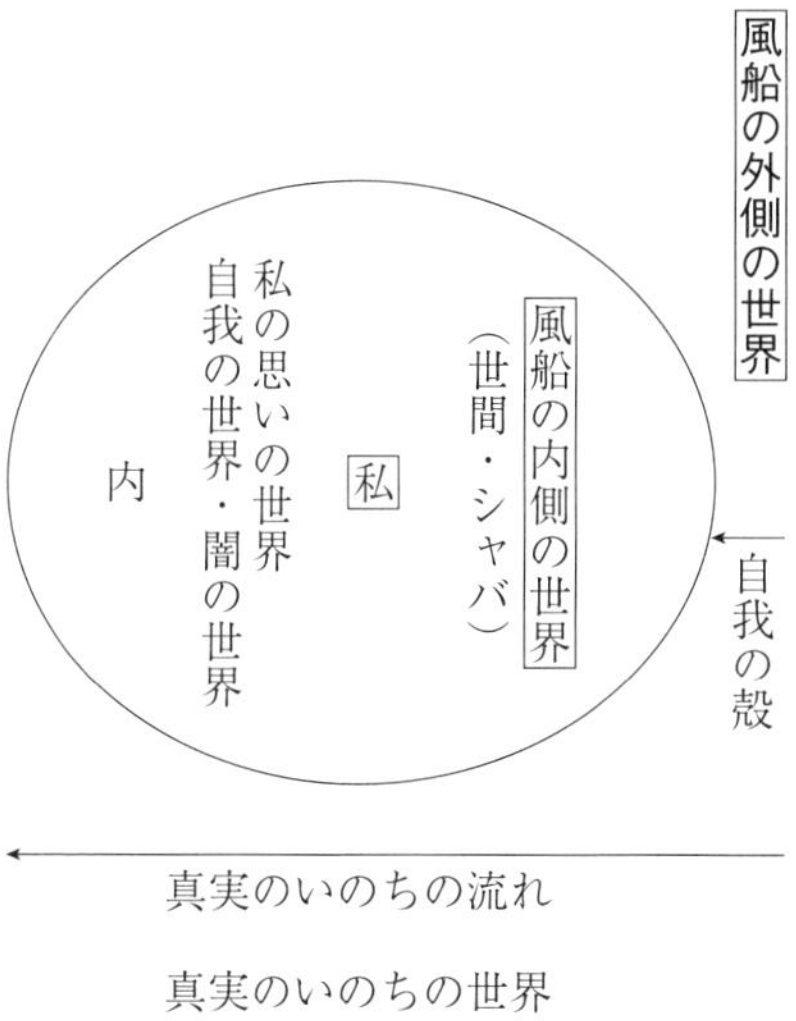

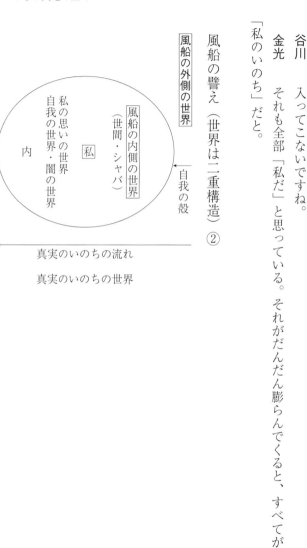

谷川　なんでも自分の中に取り込んでしまう。そして何でも自分中心に見、また考えてくる。それがいわゆる、自我の成長の時代だといえると思います。

金光　それで、大きくなるとだんだん自我が膨らんでくるわけですが、ここに先生のお書きになっている本のお言葉を拝借しまして、「風船の内側の世界」、自分の心の内側。

谷川　自分の思いで造り上げた世界ですね。

金光　私の思いの世界。それは自我の世界、あるいはエゴの世界ということも出来ると思うんですけれども。その場合はまだ、この風船の中のことしか気にならない、あるいは気がついていない。

谷川　だから、その外《そと》に世界があるということは、まったく意識に無いですね。だから、自分が風船の中にいるという意識もまた無い。

金光　それで、だんだん成長して学校に行きだして、学校に通えなくなるような引きこもりの人も、だんだん多くなってきているようですけれども、それはこの風船がどういう状況の時に引きこもりになるんでしょうか。

谷川　これは、私の考えでは、風船が自分の造った考えの中で固まってくる、固定化してくる。自分という世界は絶対なんだと。そうすると、自分の思いに合わないものは、なかなか受けいれることができなくなる。そういう世界が多くなると、自分の中に引きこもって、自分を固めてしまう。外に通じないものですから、どんどん自分の内に引きこもってしまう。精神の状態が固まった状態で、身動きできなくなる。それが、引きこもりというか、そういう状態になるんだろうと思います。

三　自我の思いに気づく――姑ばあちゃんとの出遇い――

金光　そうすると、そういう自分の殻が固くなる。そういう硬くなった心が、柔らかくなった事例みたいなものがございますか。

谷川　そうですね。こういう例を紹介してくださっている方があります。五十代の奥さんとおばあちゃんとの出遇いなんですが、老夫婦はお百姓をされていて、若い人たちは街へ出ている。それで、寝たきりになったおばあちゃんの世話を、自分がしないといけない。元気な時は、非常にきついおばあちゃんだった。姑ばあちゃんとしては、若嫁さんを一生懸命育てようと思われたんでしょうけれども、お嫁さんにとっては大変きつかった。それがお年になって、おばあちゃんが寝たきりになられた。それで自分が一切面倒みなければならないということになった。そういう状態になって、あまりやかましくいわれないので、ある程度精神的にはほっとしている。

そういう中で、こういう出遇いをされている。その若嫁さんは、趣味で踊りをやっている。その日は近所の仲間と踊りの発表会があって、昼から出かけることになっていた。それで少し早めにおばあちゃんに昼食を持っていく。その日にかぎって、なかなかはかどらない。いらいらしてくる。それで、「ばあちゃん、早う食べてよ」と、ついつい急がせるわけですね。何でおばあちゃん早く食べてくれないのかという思いがある。自分が踊りに行くもんだから、意地悪してるんじゃないかと思ってしまうわけです。ところが数日して、今度はご主人が畑仕事に出られる。「用が済んだら早よう来い」といわれていたんだけれど、その日は朝早くから野菜の出荷などしていて、少し頭も痛い、熱もあるみたい。そんな中で、おばあちゃんに昼食をもっていかれる。今度は「おばあちゃん、ゆっくり食べて」。

金光　早く行ってあげたくないわけですね。

谷川　それで、おばあちゃんの身体を拭いてあげたりして、畑へ出たのは二時過ぎになっていた。そうするとご主人のほうは遅いもんだから怒っている、「お前何していたんだ」といって。その時に、その奥さんは一瞬、「何ですか、おばあちゃんの世話じゃないですか」といいかけた。おばあちゃんの世話をしてきたから遅くなったんだ、といおうとしてはっとした。「お前、本当にそういえるのか」という声が、ふっと聞こえてきた。

金光　あ、先日のおばあちゃんのことを思い出したわけですね。

谷川　そういう声が心の中に出てきた。そうすると、そういう自分というものを中心とした世界が崩れてしまう。ひっくり返されて、「あ、自分勝手だったなあ」と。おばあちゃんをダシにして、自分の都合で「おばあちゃんを生かしたり殺したり」している。おばあちゃんを利用して、ちょっと畑仕事をズルしようかという思いが出てくる。そういう中で生活している自分だったなあ、ということに気づかされる。

そうすると、あ、おばあちゃんは、そういう私に、世界を教えてくれていたんだと気づかされる。きついおばあちゃんが、邪魔になってしょうがないと思っていたおばあちゃんが拝めてくる。自分に大事な世界を教えてくれているおばあちゃんだったと。そこに、今まで対立していたり、邪魔だと思っていたものが一つになれる。心が通じ合う、そういう世界が自然に開けてくる。

四　風船の外側の世界―真実の世界―

金光　そういう世界に気づかせてくれるおばあちゃんだったということになると、おばあちゃんに対する見方が変わってくるんですね。

谷川　そういうところが、私たちが忘れているといいますか、自分中心にあらゆるものを考えていると、見えてこない世界じゃないかなと思います。

風船の譬え（世界は二重構造）③

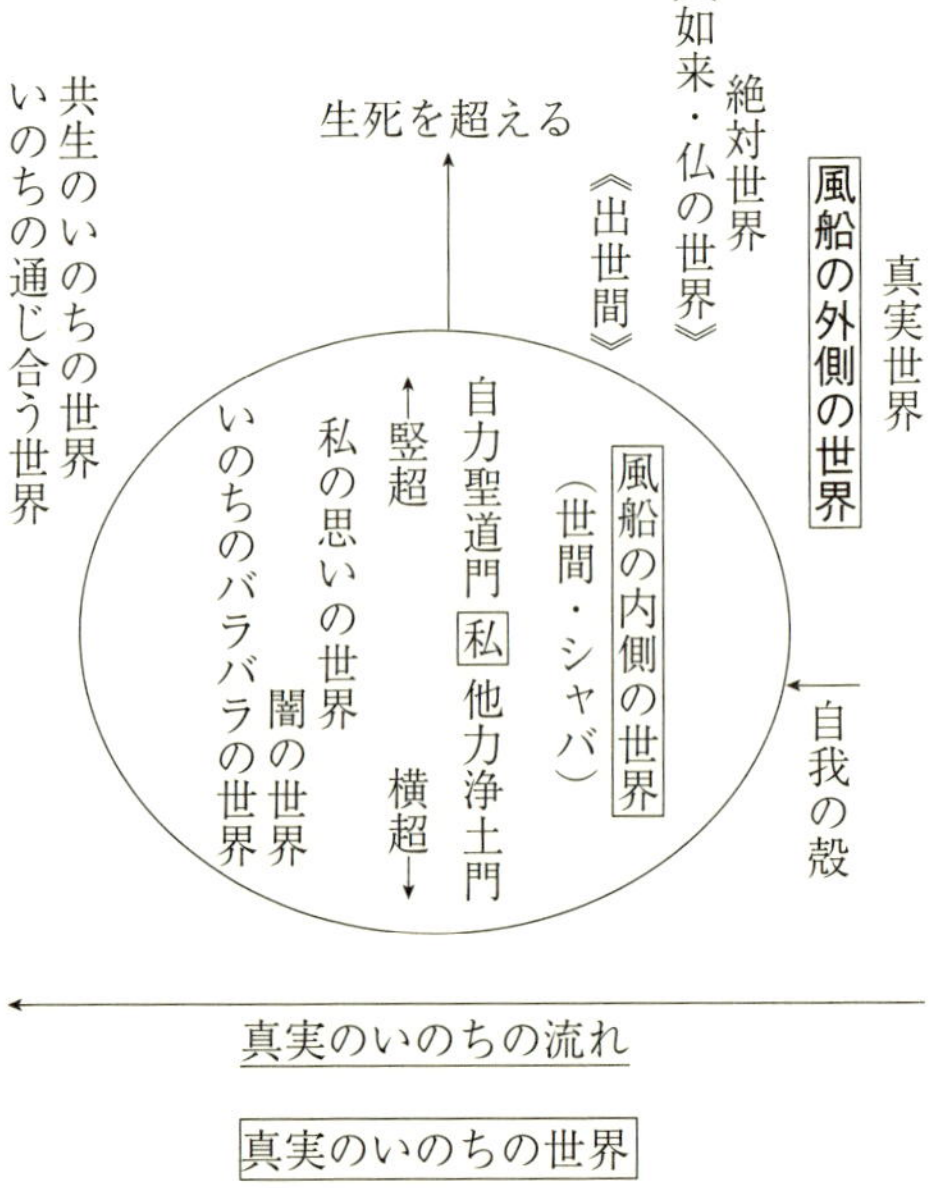

金光　そういう自分に気づかせてくれる世界を、「真実の世界」という言葉で表現されているわけですか。

谷川　はい、そこが風船の外側の世界、真実の世界です。

金光　そこに気がつくと、それがここにある自己の外側にある「真実の世界」からのはたらきかけ、というふうに受け取れるわけですね。それができると、外の世界と自我の世界との間にある殻に穴が開くわけですね。そういう経験が増えれば増えるほど、外とのつながりはスムーズに通い合うことができる。それが、こちらの図にあります「いのちが通じ合う」世界。あるいは「共生のいのちの世界」。

谷川　そういう世界に立つということが、本当のいのちを生きるということだと思うんですよね。それが私たちは、自分中心になる。これは無意識にやっていることですから、気づかせてくださるものに出遇わないとなかなか気づけない。そこに現代が忘れている、大事な世界があるのではないかと思うんです。

五　末期ガンのご主人との出遇い

金光　人間、それぞれ育ちとか境遇が違いますし、その気づきの機会もその人その人によって随分違いがあるのじゃないかと思いますが。他にも、そういうご縁というような例はございませんでしょうか。

谷川　あるご門徒さんのお話ですけれども、こういうことがあったということを紹介してくださっているんです。

自分のご主人がもうガンで末期だという。それでこのご主人のためにはとにかく精一杯看病してあげよう。そのために自分が死んでも構わないと、そういう思いで一生懸命やられている。たまたま、ご主人が蕎麦が食べたいといわれたので、それで蕎麦屋さんへ飛んでいって温かいものをと思って、急いで帰ってきてご主人に差し上げる。そうすると「あー、うまい。久しぶりだ」といって食べておられる。けれど全部入らない、病気のためか。それでご主人が食べ残されたものを、「おいしいぞ。お前も食べよ」といって、奥さんのほうへ差し出される。すると、その奥さんは、食べよといわれてもらったんだけれども、瞬間的に「あ、私、今お腹一杯だから、またいただくわ」といって、その残りを捨ててしまわれる。そうするとご主人は、寂しそうな顔をされたということです。その捨てたということが、自分では、主人の病気がガンの末期で、主人が口をつけたものはひょっとしたら移るんではないかと一瞬思って捨てたんですね。ガンは移らないと聞いて知っていたけれども、つい捨ててしまわれる。するとご主人は、寂しそうな顔をされたということです。その時に、気づかれるんですが、寂しそうな顔をされたご主人の顔を見ながら、自分はこの主人のために看病を尽して自分のいのちも惜しくないと思っていた。そう思って一生懸命やっているけれども、そう思っていたものが、ひょっとしたら移るんではないかと考え、瞬間的に無意識に自分のいのちを守るという方向にいく。そういう世界を、「ああ、そうだったな」と気づかれる。「ああ、あの時何で自分は、主人が、おいしいぞと差し出してくれたものを、受け取れなかったのか」。そこに奥さんが気づかれたのは、自分はご主人のためと思っていたけれども、自分の思いの世界しか生きていなかったということに気づかれたということです。

そしてそういう世界に立った時に、そういう自分の相を知らせてくれたご主人の言葉、姿が拝めてくる。そういう世界を語ってくださっている。

六　自我の世界と外の世界

谷川　私たちは、自分を否定するということが非常に苦手なんですけれども、しんそこ頭も下がる世界をいただくと、この自分を覆っている自我の殻が破られて、共に生きられる世界、心が通じ合う世界が自然に開かれてくる。そういうところに仏法、あるいは宗教でいうところの、救いというものがあるのではないかなあと思うんです。

金光　今のお話をうかがっていますと、こういう「外の世界」と「内側の自我の殻の世界」の、自我の殻が破れて通じ合うようになってくると、たちまち自我の世界が消えてしまって、「真実のいのちの世界」と一つになって、いつもその世界に住んでいられるかというと、どうもそうではないようですが。やっぱり、何があっても「私は」「私は」がついてきて、「それでは私は困る」とか、ついて回っているようですが、そのへんの「自我の世界」と「外の世界」との関係について、他にも具体例をお持ちのようですので、ちょっとそのへんのところを聞かせていただけますでしょうか。

谷川　真実の世界に出遇ったからといって、私たちが生きているかぎり、根本的には、自我というものは無くならないわけです。そのことを詩にしてくださっている念仏詩人の榎本栄一さんの詩に、こういうのがあるんです。

木の上　　榎本栄一

うぬぼれは
木の上から　ポタンと落ちた
落ちたうぬぼれは
いつの間にか
また　木の上に上っている

（『群生海』〈難波別院〉一四頁）

ああ、自我だったなあと気づくんですけれども、やっぱり生活をしていると自我の世界を生きざるをえない。ただ気づくかどうかというのは、大きな違いだと思いますね。そこのところが、持っている人と持っていない人とでは、気づきの世界に出遇っている人と出遇っていない人とでは、違いが出てくると思いますね。
金光　気がついたときは、うぬぼれはポタンと落ちるわけですね。ところがいつの間にかまた上っているわけですね。

七　元気すぎて困りもの

谷川　ああ自我だったなあということに気づく世界が、仏法でいう「信心」という世界だと思いますけどね。そういう世界を持っていないと、どういうことになるかという例を、一つ出してみたいと思います。いろいろなご縁をいただいた石川県松任市（現・白山市）の本誓寺住職の松本梶丸さんという方ですが、この方には、私はいろいろお育てをいただき、お教えをいただきました。
その松本さんが、あるお店へ買い物に行かれた時に、たまたまその店に三十歳前後の奥さんが買い物をされていて、品物をレジのところへ持っていかれた。そうするとレジの人とお知り合いであったんだろうと思いますが、レジの人が声を掛けられる、「奥さん久しぶりですね」と。それに対して買い物していた奥さんが、「あら、あなた、こんなところで働いていたの」と。旧知の間柄だったんでしょう。そういう会話から、「ところで、あなたは、お元気ですか」と尋ねられる。そうすると、

「おかげさまで、元気一杯よ。私はこんな丈夫な身体をいただいた親に、あるいは神様、仏様に感謝しているよ」

と応じられた。そういういい方をされた後で、ちょっとあんまり自慢されるもんだから、レジの方が問いに窮して、「ところで、あなたのところのおじいちゃんは元気ですか」と訊かれた。すると、

「あ、おじいちゃんか。あれは元気すぎて困りもんだ」

と答えられたという。それを、隣りで聞いておられた松本さんが、気づかれた世界を語っておられます。

自分の健康は、神仏に感謝するし、有り難いという。しかし、おじいちゃんの健康は、同じように有り難いかというと、そうはいかなくて、「おじいちゃんは元気すぎて困りものだ」と。若嫁さんの意識の中で、どこかで「いつまで生きているのか。いつまで世話をせんといかんのだろうか」という思いがある。そういう思いで、自分の物差しで、あらゆるものを判断してしまう。そういうところに、私たちの生き方というものがあるのではないかと、松本梶丸さんは指摘してくださっています。

そのことに気づくかどうかということが、ずっと問われているんだと思いますけれども、真実の光というか、教えに遇わないと、自分が自我一杯に生きているということに気づか

ない。枠の中の世界を、自分はちゃんと生きているんだと思ってしまう。

八　当り前の世界

金光　普通はそこで、それは「当り前」ではないかと思うわけですね。その当り前の世界というのは、先ほどの言葉でいうと、「真実の世界」に気づいていない世界ということですね。

谷川　その当り前という言葉がよく使われますが、最近の言葉でいうと、「想定内」「想定外」といういい方がありますが、自分の思いに合わないことが起こると、それは「想定外」だったといって排除してしまう。ところが、当り前だと思っている意識を私たちは問おうしない、問題としない。これがいろいろな意味で、あちこちぶつかるということになるんだと思うんです。それぞれの世界の場、思いの場というものが、一人ひとり別々にあるものですから合わない。ですから、自我の殻がぶつかりあって、ああでもない、こうでもないということになり、それが現代の生きにくさに通じているのではないかなと思うんです。自分の思いの世界だけが実在で、その根底の世界、思いを超えた世界を問うことをしないところに、現代のもろもろの問題の根があるのではないかと思います。

九　気づきのご縁

金光　そうすると、ぶつかる時には、苦しみとか悩みとかが出てくるわけですけれども、しかし、その苦しみとか悩みというものは、それは、むしろそこでそれに対処する仕方によっては、自分の思いが壊れる、外の世界と通じるチャンスともいえるわけでしょうね。

谷川　ただ苦しみとか悩みというのは、たんに困ったことではなくて、それは大事な世界に気づかせてくださるご縁なんです。ただそれを自分の思いの中で捉えていくと、どうしても排除してしまう。そういうことが無い方が極楽の世界、楽な世界が一番幸せな世界なんだと考えてしまう。そうすると、せっかく気づきの世界が与えられていながら、自分の大事な問題として、それを受け取ることができない。そういうものは、いろいろな問題とか、苦悩の原因は外からやってくるんだからと考えて、排除してしまって、自分を問うということをやらない。そこに現代の問題があるような気がします。

金光　その場合、自分を問おうとしないということは、自分の殻を守ろうとして、自分の殻が堅くなる。

谷川　そうです。自分を守ろうとするわけです。自分は間違いなくちゃんとやっているのに、相手が悪いとか、社会が悪いとか、いろいろな理屈をつけるわけです。自分を守るということに固執してしまうと、外が見えなくなる。そういうことがあるんだろうと思います。

十　自我の場が崩壊—生死の世界を出る—

金光　外が見える時には、自分が悪いということに気がついても、広い世界に目が開けると、別に落ち込まなくても、次の広い世界へ踏み出すチャンスでもあるわけですね。落ち込んだままで、自分は悪かっただけだと、そこで縮こまってしまうこともあるわけでしょうけれども、外の世界が見えてくると、「あ、いままでは間違っていたな」と、新しい世界へ踏み出せる、次の一歩にもつながってくるんでしょうか。

谷川　自分の世界は、狭い世界であった。あるいは、自分は非常に小さな世界を生きていた。そういうことに気づかされる。そうすると、自分の自我の場というものが破れる。すると自分の立っている場が無くなるわけですから、落ち込むことになるわけです。

金光　そうですね。落ちてしまうわけですね。

谷川　落ちてしまうんだけれども、そこにはちゃんと広い世界が用意されている。その世界に出させていただくというのが、仏法でいう「出世間」、世間を出るということ。

そこに真実世界との出遇いということが出来るんだろうと思います。

金光　ここにあります「出世間」、「出世間」というのは、左の方には「生死を超える」と書いてありますが、「生と死を超える」。

谷川　「生死」と書いて、仏法では「しょうじ」と読みますが、これは仏法の意味からすると、苦悩の世界、迷いの世界を意味します。それは真実に出遇っていない。「生と死」を分けて、「生」を生きていることが絶対であって、「死」というものはできるだけ遠ざけようと思っている考え方、捉え方です。そのように分けているんだけれども、それは意識の世界であって、私たちが生きている「この身」というのは、生死の身を生きている。生死のいのちを生きている。だから、生と死というのは、私たちのいのちの世界からすると裏表であって、別々ではない。くっついている。いつ引っくり返るかわからない状態にある。「ああ、そういういのちだった」と気づかせてもらったときに、世間を出て、外の世界と通じ合う世界を生きられる。そういうことが出てくるんだと思います。

十一　いのちの世界とのつながり

金光　上の方には、「生死を超える」という「出世間」の字がありますけれども、下の方にはですね、「いのちの流れ」と書いてあるわけですが、この「いのち」という言葉が、今いろいろな意味に使われていまして、その人その人で解釈が随分違うんですけれども、本当に大きな意味での「いのち」ということになりますと、そういう悩みとか苦しみとか、あるいは「生」だけでなく「死」をも含めての大きな宇宙全部の動き、流れ、それを「いのち」と、それをはたらかせているものを「いのち」といういい方ができると思うんです。そうすると、この「いのちの流れ」も、思いの中だけの世界では気がつかないで済んでしまうのが、そういう「エゴの殻」「自我の殻」が破れて、外の世界と通じ合う回数が増えてくるほど、「いのちの世界」とのつながりの実感というものが、この身体で自覚できてくる、深くなる。

谷川　その「自我の殻」が破れる回数が増えるごとに、「いのちの世界」とのつながりの自覚が深くなる、広くなっていく。そういうことがあるんだと思います。そういう世界があるということは、真実の教えに遇わないと気がつかない。自分の思いの中だけだと、私たちは、自我の中だけで「ああだ、こうだ」と考えていますけれども、自我の外の世界に思いがいかないから、どうしても気がつかない。自分の目では、自分の目そのものを見ることができない。自分の目以外の外は、一切見ることができるけれども。そういうように、自分の思いで捉えた世界は、自分の思いの中だけの話であって、その世界を超えて私を生かしている、支えている絶対の世界、真実のいのちの世界の存在になかなか気づけない。そういう世界があるということを教えていただくということが、大事なことになるんだと思います。

金光　「思いの世界」というのは、「私」とか「自分」というのは実にしつこいというか、簡単には消えてくれないわけで、自分というのは自我が破れて外の世界に通じても、まだ「自分」というのは、さっきの「うぬぼれ」と同じでしょっちゅう出てくるわけです。あるいは、頭の中で「こうに違いない」という思いがありますと、あるいは「これはこうに違いない」「これは正しいんだ」と思い込んでしまいますと、「いのち」は動いておりますから、「思いの中」で摑んでしまいますと、生きたはたらきで無くなる可能性が出てくることもあるわけですね。

谷川　それが、私たちは、非常に間違い易いところですね。自我というのは、教えられると「ああ、そうだった」と思えるんですが、正しいこととか、絶対的なことだといわれるものを出されてくると、それを摑んでしまう。「私は、これは真実だと分かったんだ」と、あるいは「自分は真実のいのちについて知っているんだ」と考える。しかし、その世界というのは、実は自分の枠の中に取り込んでしまっている。すると、その真理は動かなくなる。はたらかなくなる。そこにまた、執着というものが出てくる。

金光　やっぱりこの、「自我の思い」の中に閉じ込めてしまうと、縮こまってしまう。

生きたはたらきでなくなる可能性がある。

十二　ああ、そうだったね

谷川　そういうことを、たとえば、あるお母さんが話しておられますけれども、「昨日、うちの嫁さんに教えられた」といって語ってくださっているんです。

その家で大事にしていたものが見あたらない。一生懸命探すけどなかなか出てこない。それで若嫁さんに「あんた、知らんか」と訊いたら、「あ、あれはもういらんと思って捨てた」といわれた。「捨てるわけない。あれは大事なものだから、どこかに大事にしまっているはずだ」と、お母さんの方は一生懸命いうけれども、若嫁さんの方は、「イヤ、あれはもう捨てたんだから、もう無い」といわれる。どっちも自分の主張をゆずらない。つい、お母さんの方は腹が立ってきて、「お前なんて頑固だ」と一喝するわけですね。そうすると、その若嫁さんから間髪をいれず言葉が返ってくるんです。「お母さんも同じだ」と。そういい返されたとき、「ああ、そうだった」と、そのお母さん頭を下げた。そうすると、今まで対立していたものがスーと消えるんですね。それで、「ああ、そうだったね。お互い頑固だったね」と。

金光　お互いに、なるといいんですね。

谷川　そうです。そこに立たせてもらうというのが、いのちの場に立つということです。その真実のいのちの場に立たせてもらうと、お互いの心が通じ合って、安心して生きていけるという、そういう世界が開けてくるんだと思うんですね。

金光　そうしますと、アレですね、「思い」を離せばいいんですね。摑んでいるのを離せば、自由な世界が開けてくるんですね。

谷川　その離すということが、手放すということが、私たちにはなかなかできないんですね。その「手放すということのできない私だった」と、やっぱり自分が摑んだものを大事にしたい、その「離すことのできない私だった」と気づかせてくださるものに出遇わないと、外の世界、自分を超えた世界に出させてもらえない、立たせてもらえない。そこに大事な世界があると、離したらいいんだけれども、離せたらいいんだけれども離せない。やっぱり自分というものを立てたい。自分というものを離れることのできないいのちを生きている。そういう私だったと頭が下がっていく。そこに広い世界が開かれてくる。

十三　下座に立つ

そういうことを、これも榎本栄一さんの詩で教えられるのですが、「下座《げざ》」、一番下座《しもざ》ということです。

下　座―自分に―　　　　榎本栄一

こころはいつも
下座にあれ
ここはひろびろ
ここでなら
何が流れてきても
そっとお受けできそう

（『念仏のうた常照我』〈樹心社〉七七頁）

こういう詩です。

ですから、一番下の自分の立っている場が破れて、自分の場が落ちるだけ落ちた。その一番下座に立つと、あらゆるものがご縁としていただける。自分にとって都合の悪いことも、あるいは良いことも、一切がご縁であったといって、引き受けていける世界が開かれてくる。そういう世界が、私たちにとっての救いの世界、助かった世界ですね。そういう世界を、非常に的確に表現してくださっていると思うんです。

金光　そうしますと、思いの世界が破れて、落ちてしまった。思いの世界では、「もうだめか」と思った世界が、実はそこには、大きないのちの流れている世界があるんだと。その「いのちの世界」で、また新しい世界を踏み出すことができると。そこが「下座」であると。

谷川　そこに留まるんじゃないんですね。そこから歩み出す世界、そういう道を、仏法、浄土真宗でいえば「往生浄土」という。そういう新しい人生が、はじまるということだと思います。

十四　隣の庭の銀杏の落葉

金光　そうしますと、いつでも我々が受け取れる世界というのは、「今」「ただ今」という、「今」の連続であるわけですけれども、その「今」ということは、私の思いが壊れても「今」は続いている。新しい世界が常に展開している。そのことに気がつくことができるかという、そこが次の世界へ足が出せるか出させないかという、境目ということになるわけでしょうか。

谷川　これも松本梶丸さんのお話で、非常に教えられるのですけれども、こういうことを語ってくださっています。

浄土真宗では「報恩講」という大事な行事があるんですが、それであるご門徒さんの家にお参り行かれるわけです。そうすると、その家のおじいちゃんが機嫌が悪い。松本さん、なんか自分は悪いことをしたんだろうかと思われたけど思い当たらない。

「ご院家さん、ちょっと、こちらを見てください」

といって、自分の家の座敷のふすまを開けて、障子を開けて、奥の庭を見せてくれる。そうすると、その家の自慢の庭なんですが、その庭に銀杏の落葉が一杯落ちている。

「今朝から、報恩講だからというんで、二度も掃いたけれど、こんなありさまや」

その落葉を落としているのは、実は塀の向こうにある隣の庭の銀杏だったんです。それが、風の具合で、銀杏の落葉が全部こちら側の庭に落ちてくるもんだから、おじいちゃん、腹を立てているんですね。「今日は報恩講だ。ご院家さんも来てくれるので、一生懸命掃除したのに」という思いがあるもんですから、それで、腹を立てているんですね。

ところが、落葉というのは、特別におじいちゃんの庭が憎いからといって、こちらの庭に落ちているわけじゃないんだけれども、おじいちゃんにしてみると、それが受け取れないわけですね。それで、

「こんな落葉を落としている、隣りの庭に銀杏を植えている、隣りのおじいちゃんが憎らしくてかなわん」

とまでいわれるわけですね。

そのおじいちゃんの話を聞きながら、松本さんが、ふと気がついて、

「おじいちゃん、あの銀杏の木が、こっちの庭にあったらどうやね」

といわれたんですね。そうすると、すぐおじいちゃん気がついたんです、おそらく、日頃から仏法のお話をよく聞いておられたんでしょう。

「ああ、そうやったね」

といわれたんです。「ああ、そうやったね」といわれた時に、心の塊りがほぐれるんですね。柔軟になっていく。そうすると、その落葉を受け取れることができる。

自分の思い、自分の都合で、「ああだ、こうだ」といっている世界が、一つの言葉、教えに出遇って「ああ、そうだったね」と頭が下がった時、柔軟な世界が開かれてくる。そういうところに、私たちが生きる大事な眼というか、視点というものが教えられることです。

金光　おもしろいですね。自分の家があって、隣りの家があって、その途中に塀がある。その塀を取り払ってしまって、自分の庭だと思えば落葉が落ちても「腹が立たない」。「隣りの落葉」だと思うから腹が立つ。それが無くなったら、ということは、そこでいわば、仏教読みだと「にゅうなん」と読むんですが、「柔軟な心」「柔軟心」がそこではたらいてくる。すべてがそういうことになるといいんですけれども、やっぱり、最初におっしゃった「私の」とか「私が」ということが、私たちの思いの中にはいつも存在しているから、「私の」と「私の」とがぶつかると、いざこざが起こる。やっぱり硬い心、そういう意味での「固まった心」というのは、世の中を暮らしていくのには不便なんですね。

十五　「いただきます」論争

谷川　それが、やっぱり戦後の教育といいますか、ある意味では人間教育というのが疎かになって、自我拡張といいますか、自分を立てるということが非常に強く出されてきた。それは、この世を生きていく上で必要なことで良いんですけれども、それが自我という固まったものを作り出すということにはたらいてしまう。そうすると、人間関係がぎくしゃくしたものになってくる。そういうものを解きほぐすもの、自分の心を解きほぐすものとして、やっぱり真実なる教え、あるいは光というものを仰いでゆくということが、どうしても大事だと思いますね。

金光　その自己主張といいますか、その自我の固まりを主張することによって、これを固めてしまうと、実は私自身が存在している、その基に大きないのちの流れがあって、それがあるから自分も存在している。その基にある外の、こういう外側の世界、その大きないのちの流れに気がつかない間は、自分の判断だけしか物事を判断する材料が無いわけですね。実は、自分は生きているけれども、外の世界によって、食べ物にしてもなんにしても全部、外の世界の他のいのちをいただいて生きていくことができている。そういうことに気がつくと、やっぱり、食事の場合でも、いのちをいただく場合でも、いただき方が変わってくるということがありますでしょうね。

谷川　少し前に「いただきます」論争というのがあったんですけれども、最近では「いただきます」といって、手を合わせて頂戴するということが、だんだん少なくなっているということを聞いたことがあるんですが、これは、やっぱり私たちが生きているということは、いただいている「いのち」というものがあって、はじめて生きていくことができる。そのいただいているものは、お米のいのちであったり、野菜のいのちであったり、あるいはお魚とか、牛や豚や鶏のいのちをいただいている。しかし、自分はお金を払っているんだ。だから、「いただきます」なんていわなくてもいいんだというのが、あったみたいですけれども。しかし、いのちをくれているものには、私たちは一円も払っていない。それを仲介している人間に払っているに過ぎない。そのところが見えていない。

十六　思いの世界を超えて

谷川　そういうところに、私たちの思いの世界、自分の思いで作り上げた世界だけでものごとを見ているということが、あるんだろうと思いますね。そういう私を、絶対的な世界から自分を照らしてくださる、自分の思いの中で身勝手な生き方をしているということに、気づかせてくださる。そういうものが無いと、私たちは本当のものに、真実なる世界に出遇えないのではないかと思うんです。

気づかされるということが、仏法的にいえば、自覚といわれるもの、あるいは信心といわれるものだと思います。そういう世界が、現代という時代に失われているんではないかなあと、そんな気がするんです。

金光　だから、人間の思いの区別といいますか、差別といいますか、そういう世界ではない、共通のいのちの世界に眼が開けると、それを自分自身の身に置いて考えると、今の状況は受け取りたくないとか、足りないものが欲しいとか思っているよりも、もう一つ底辺でといいますか、あるいはもっと深いところで、広い世界が拡がっているんだと。そこで新しい一歩を踏み出す世界に気がつくかどうかというのが、生きる姿勢にとって、非常に大事なことであると。もうだめだと思ってしまったら、そこまでですけれども、そう思う世界で、思わなくて済む世界が常に広がっているんだと。そういうつもりで生きていく眼を開いていけば、新しい世界に気がつくことができるという話としてうかがいました。どうもありがとうございました。

Ⅱ　仏教の中の浄土真宗の意義

一、智慧、慈悲そして方便

一　はじめに

釈尊は、二十九歳で出家をされて、三十五歳の時、尼蓮禅河《にれんぜんが》畔の菩提樹の下で、縁起の理法をさとられました。縁起の理法というのは、あらゆる存在はすべて因縁所生《いんねんしょしょう》であり、つながり合って存在していて、そのもの自体として独立して存在するものはないという道理です。その縁起の理法をさとられて、「ブッダ（真理に目覚めた人）」となられました。そのように、真実の智慧を自ら体得されたのです。その道を、自らのさとりを求める自覚の道といいます。

そして、釈尊が自分の得たさとりを、一人楽しんでおられたところに、天上界の最高神ブラフマン（梵天《ぼんてん》）が現れて、釈尊に「迷い苦しんでいるすべての人びとに真実の教えを説き、救ってください」と要請しました。それを、梵天勧請《ぼんてんかんじょう》といいます。その梵天の要請を受けて、一切衆生の救済のために、伝道の旅へ立ち上がられたのが、利他の精神、覚他の道です。それは、釈尊がさとられた法、真理、真実の智慧が自ら歩み出し、はたらきとなって顕現したことを意味します。それが慈悲の心です。慈悲は、智慧のはたらきです。真理そのものである智慧と、そのはたらきである慈悲とが、具体的な形となって現れたのが釈尊です。その釈尊の口を通し、言葉となって私たちに語られた教えを、方便といいます。方便というのは、真理を象どったもの、真理に近づく手段ということです。

智慧と慈悲と方便とが、完全円満に具わっている存在を仏といいます。中国の善導大師《ぜんどうだいし》は、『観経四帖疏《かんぎょうしじょうしょ》』「玄義分《げんぎぶん》」で、

自覚《じかく》・覚他《かくた》・覚行窮満《かくぎょうぐうまん》、これを名づけて仏と為す。

（真聖全一、四四三頁、七祖篇三〇一頁）

と、「自らさとり、他をさとらしめる、そのはたらきが完全である存在を仏とする」といわれています。その仏は、真如、さとりの世界より大慈大悲の心をもって、迷いの衆生界へ来生して、私たちに救いの道を明らかにしてくださるのです。その意味で、仏を如来といいます。以下、少しこのことについて考えてみたいと思います。

二　外から内へ

回　心　　浅田正作

自分が可愛い

ただ　それだけのことで
生きていた
それが　深い悲しみとなったとき
ちがった世界が
ひらけてきた

（『骨道を行く』〈法藏館〉一五頁）

私たちは、二つの世界を生きています。外なる世界と内なる世界です。外なる世界は、私にとって客観視される世界です。私によって見られ、考察される客体の世界、自己の意識と分離された相対分別の世界です。その外なる世界を知る智慧を、仏教では世間智《せけんち》、分《ふん》別智《べっち》といいます。

近代の産業革命以降、人間は科学技術のめざましい進歩によって、物質的に豊かな社会を築き上げました。それは、外なる世界を分析して知る人間の知識、特に自然科学の分野の知識がすばらしい展開をしたことによって、成し遂げられたといっていいと思います。

しかし、その一方で私たちは、それと反比例するようにして、自己の内を見る眼、自己を問う心を見失ってきたのではないでしょうか。私たちは、自己の内なる世界と外なる世界とを分けて、別々に生きているのではありません。ところが、私たちは、幸せは自己の外なる世界が豊かになることだと信じ、その方向にひたすら努力してきました。そして、それがほぼ実現できた時、私たちの心の中にどこか空虚さがあるのに気づき、がく然としました。物の豊かさだけでは、本当の幸せは得られないと、次に精神的豊かさを求めはじめています。その宗教を求める方向が、自己を問うことのない自己欲望の追求のために、宗教なるものを求めているのであれば問題です。

「回心」という浅田正作さんの詩の中で、浅田さんは、いままでの自分の生き方を、「自分が可愛い、ただそれだけで、生きていた」といっておられます。自己を良しとする自我中心の、世間智の世界です。その世界が大きく転ぜられるときを、体験されています。それを、「それが深い悲しみとなったとき」と表現しておられます。これは、外なる世界を自我欲望の眼でしか見ていない、身勝手なエゴの自分に気づいたということです。その眼が、内なる世界を見る眼です。そのように、外なる世界から、内なる世界へ見る眼の方向が転ぜられることを、廻心といいます。

その内なる世界を観る眼を、仏教では、真実の智慧、あるいは出世間智、無分別智、般《はん》若《にゃ》智などといいます。実は、仏教は、この真実の智慧を体得する教えなのです。この真実の智慧を体得することによって、外なる世界も正しく認識することができるのです。そのことを浅田さんは、「ちがった世界が、ひらけてきた」と歌っておられます。見る眼の方向が転ぜられると、同じ世界が違って見えてくるのです。いままで当り前にしていた世界が、当り前でなかったと気づかされるのです。

三　真実の智慧

智慧という言葉は、「プラジュニャー（prajñā）」すなわち「般若《はんにゃ》」ということで、真実を真実と知ることです。それは世間的な相対分別の知識の世界を超えて知るということで、出世間智《しゅっせけんち》といわれます。また、あらゆる存在は、本来無分別のまま存在している。それをそのままそっくり知る智慧ということで、無分別智《むふんべっち》といわれます。真実のさとりのことです。

その真実の智慧を体得する道を、釈尊は四諦八正道《したいはっしょうどう》の教えとして説かれました。また、大乗仏教では、菩薩の行として六波羅蜜《ろくはらみつ》が示されました。

四諦とは、四つの真理ということです。すなわち、苦諦《くたい》（人生は苦）、集諦《じったい》（苦の原因は煩悩）、滅諦《めったい》（煩悩の滅したさとりの境地）、道諦《どうたい》（さとりに至る八つの道）です。八正道とは、道諦の内容です。正見、正思惟、正語、正業、正命、正精進、正念、正定《しょうじょう》です。この中で一番重要なのは最初の正見です。すなわち、真実の智慧を身につけることです。他の七つは、それを体得するための修行です。

六波羅蜜《ろくはらみつ》とは、布施《ふせ》、持戒《じかい》、忍辱《にんにく》、精進《しょうじん》、禅定《ぜんじょう》、智慧《ちえ》の、六つの波羅蜜をいいます。波羅蜜（pāramitā）とは、「彼岸へ到ること、完成すること」という意味のインドの言葉の音訳です。大乗の菩薩は、この六波羅蜜を行ずることでさとりを目指します。特に、智慧波羅蜜が、真実の智慧を身につける行です。

正見あるいは智慧波羅蜜を体得することによって、身についた真実の智慧は、この世の中の真理、人間の真実を明らかにします。この世の中の真理とは、縁起の理法ということです。あらゆる存在が一つとして独立したものはなく、つながり合っているということです。それを無自性、空といいます。その縁起の世界、無自性、空の世界を生きながら、それに気づかず、自我の世界を生きているのが、人間の私たちの相です。そこに、私たちの苦悩が生じるのです。それを知る智慧が、般若《はんにゃ》の智慧なのです。

四　いのちの事実

無条件　　西教恵

私どもの生きている世界で
絶対に必要なものは
無条件に与えられている
太陽の光

空気
水
大地
そこに草木は生きている
動物も生息している
その中で人間は
小さな価値を争って
苦しんでいる　（『仏に遇う』）

真実の智慧は、人間の心の闇、無明の闇を照らし出します。真実を真実と知らず、我がまま勝手に生きている人間の愚かさが知らされます。そのような人間の相を、罪悪深重《ざいあくじんじゅう》、煩悩熾盛《ぼんのうしじょう》の凡夫というのです。

機の真実というのは、永遠に救われることのない我が身こそ、私の生き様であるということです。そのような機の真実を、私に信知せしめるのが法の真実、真実の智慧のはたらきです。

また、真実の智慧は、私のいのちの事実をも明らかにします。自分一人の力で生きているのではなく、私が生きるのに必要なものは、すべて無条件で与えられているという事実です。あらゆるつながりの中で、お陰様の中で、生かされて生きているのです。それが、内なる世界、自己の主体的いのちを如実に直視しえたときに感得される、いのちの事実です。そのいのちの事実、すなわち共生のいのちの世界に目覚めることが、真実の智慧のはたらきなのです。

五　大慈悲心

真実の智慧は、人間に「おまえの生き様は真実に背き、永遠に救われない存在」であると教えると同時に、自らの立っている場を捨てて、苦悩の衆生のただ中に降り立ち、苦悩の衆生と共に真実の救いの道を歩もうと呼びかけ、はたらきかけずにはおれない心となって発現します。その心を慈悲の心、大慈悲心といいます。それは、真実の智慧を根本として、具体的に自己を捨てて他と一つになって外にはたらきかける心です。共生のいのちの自覚が、苦悩の人びとを悲嘆し、同体の慈悲として、苦悩の人びとに真実への目覚めをうながし、共に真実のさとりへの道を歩もうとはたらきかけるのです。

慈悲という言葉は、慈と悲の合成語です。慈は、「マイトリー（maitrī）」の訳語で、「友、友情、親しきもの」などを意味する語です。また悲は、「カルナー（karuṇā）」の訳語で、「歎き、同情」などを意味する語です。一般に、苦を抜くことを悲といい、楽を与えることを慈というと解説されます。

その慈悲に、三種があるといわれます。衆生縁《しゅじょうえん》の慈悲、法縁《ほうえん》の慈悲、無縁《むえん》の慈悲の三つです。衆生縁の慈悲とは、凡夫の起こす慈悲で、小悲といいます。法縁の慈悲とは、菩薩などの聖者の起こすもので、中悲といいます。これらはいずれも、慈悲を施す対象が限られています。最後の無縁の慈悲とは、仏のみが起こすことのできる慈悲で、何ものにも執われずに、また何ものにも障げられずにはたらく絶対平等の慈悲です。仏の大慈悲心とも、大慈大悲心ともいいます。

真実の智慧の体現者たる仏は、大慈悲の発現者です。『観無量寿経』では、

仏心というは大慈悲これなり。（仏心者大慈悲是）

（聖典一〇六頁、註釈版一〇二頁）

と説かれています。

大慈悲心は、絶対平等の慈悲です。あらゆる存在の相対差別の相に対する執着を離れ、無差別平等に見ることのできる心です。

したがって、それは真実の智慧のはたらきとしてのみ成り立つのです。その慈悲のはたらきは、一切衆生の苦悩に同感し、共に苦しみ、共に悲しみつつ、一切衆生を救わずにはおかない心です。仏の心は、同体同感の慈悲心となってはたらくのです。その慈悲心のはたらきを、摂取して捨てざる心というのでしょう。

すべての存在が、共生のいのちを生きる存在であるという、真実の智慧によって自覚された同悲同体感は、大慈悲の心として具現化します。

慈の心は、すべてのものを慈しむ心です。それはすべてのものをそのまま自己の中に包み込み、自己に摂め取る心、摂取の心です。悲の心は、真実ならざるものに執着し、苦悩しているものに同悲して、捨てない心です。それは他をもって自己とする心です。摂取不捨のはたらきこそ、仏の大慈悲心の現れです。

六　方便ということ

真実の智慧が、慈悲の心に催されて、私たちの前に具体的な形で救いの道、救いの教えを現すことを方便といいます。親鸞聖人の次の文は、そのことについて明らかにされています。

この一如宝海《いちにょほうかい》よりかたちをあらわして、法蔵菩薩《ほうぞうぼさつ》となのりたまいて、無碍《むげ》のちかいをおこしたまうをたねとして、阿弥陀仏と、なりたまうがゆえに、報身如来《ほうしんにょらい》ともうすなり。これを尽十方無碍光仏《じんじっぽうむげこうぶつ》となづけたてまつれるなり。この如来を、南無不可思議光仏ともうすなり。この如来を方便法身《ほうべんほっしん》とはもうすなり。方便ともうすは、かたちをあらわし、御なをしめして衆生にしらしめたまうをもうすなり。すなはち、阿弥陀仏なり。この如来は、光明なり。光明は智慧なり。智慧はひかりのかたちなり。

（『一念多念文意』聖典五四三頁、註釈版六九〇～六九一頁）

阿弥陀仏とは、真実の世界、一如宝海より大慈悲の心をもって苦悩の衆生を救おうとして出来《しゅつらい》し、法蔵菩薩の身となって、十方の衆生すべて、一人残らず救うための願と行を具足成就して、「南無阿弥陀仏」という名となられた如来です。その御すがたを方便法身の仏といいます。方便というのは、そのように仏像となり、絵像となり、名号となって、その救いの道をすべての衆生にお示しくださることをいうのです。したがって、「南無阿弥陀仏」の名号は、無限の智慧と無限の慈悲が根本となっています。そして、真実なる如来の呼びかけに気づき、真実なる自己に目覚めよと、大悲をもって倦くことなく私を照らし、私に呼びかけ続けています。その「南無阿弥陀仏」の心をそのままいただき、真実の自己に目覚めることが信心です。そこに、私がすでに、仏の救いの只中にあったことを頂載させてもらうのです。

二、愚かなる者―仏教の人間観―

一　人　間―不自由なるもの―

人間というものを、的確に把握した文章を最初に紹介したいと思います。

　人間はだれでも自由でありたいと願う。人間がだれでも自由でありたいと願うのは、人間が現実に不自由だからである。

　人間が死地に追いこまれると、蒼ざめた恐怖の中で生命さえ助かればと思う。あるいは、飢餓に苦しめられると、無気力な喘ぎの中で食物さえ得られたらと思う。しかし、生命の安全がいちおう保障され、三度の食事に事かかなくなると衣食の豊かさに心ひかれ、衣食の豊かさがある程度あたえられると富や名声が、さらには権勢や長寿がほしくなる。そして、それらのものが得られ、もしくは失われる過程は、喜びと怒り、愛と憎しみ、快楽と苦痛、傲慢と絶望、悲哀、苦悩、悔恨、呪詛等々……激しい情念の嵐である。つまり、現実の人間は果てしない欲望と奔騰する情念とに引きずり廻され、それに自己を翻弄される不自由な存在である。

人間はまた自分一人では生活することができない。人間という言葉がすでに示しているように、人間はただ他人とかかわることにおいてのみ人間でありうる。つまり、人間は社会的なのである。しかし、人間関係は時として対立と相剋の中に引き裂かれ、社会はしばしばしば個人の自由を拘束し抑圧する。あるいは形式化した道徳規範によって、あるいは因習化した慣習儀礼によって、さらにはまた集団的な均一化によって、社会はしばしば個人の生活に干渉し、その自由をおびやかす。とくに現実の社会が強大な権力によって支配され、その権力がヒステリックに凶暴化する場合には、自由はおろか人間の生命そのものさえが、権力の嵐の中で踏みにじられ辱かしめられ消しさられる。現実の人間は自己自身に対して不自由であるばかりでなく、他人や社会に対しても不自由なのである。

しかし、人間を不自由にし、その生活をおびやかし拘束するのは、ただ単に内面的な欲望情念や外面的な権力、社会的な人間関係だけではない。人間には今ひとつのいっそう根源的な、そして決定的ともいうべき不自由がある。すなわち、人間の出生と死とがそれである。

人間は自己のあずかり知らぬうちに一個の生命として理由も知らされずにこの世に投げ出される。この出生に対して自己は受諾することも拒否することも許されない。

（中略）そして、それぞれの人間がそれぞれの生涯を生きてたどりつく終着駅は一人の例外も許されない死—拒否することも反抗することも無意味な虚無の深淵である。

いまもし、人間が免れるすべなく死を必然づけられているという、この一点のみに注目すれば、人間はみな死刑囚であるという認識も十分に成立しうるであろう。死刑囚とはいうまでもなく自由と最も鋭く対立する概念である。人間は死によって縛られた不自由な存在である。人間が現実に生きているということは、この根源的な不自由によって逃れるすべなく縛られているということにほかならない。かくて現実の人間は、内と外とにおいて不自由であるばかりでなく、その存在そのものの根源において不自由である。人間がだれでも自由でありたいと願うのは、このような現実の不自由の中からである。

（福永光司著『荘子』二〜四頁、中公新書）

福永先生がいわれるように、まさに人間は、根源的な不自由の中からいつも自由を求めて、願いに生きる存在だといえましょう。いつでも遠く彼方を見つめながら、そこに自由なる世界を夢見て、その夢に願いを掛けて生きているのが人間ではないでしょうか。そうであるのは、現実の人間が常に外から内から縛られて生きている、不自由な存在であるということでしょう。なかでも生死こそは、現実の人間にとって、全くどうにもできない出来事として私の上に生じてきます。その根源的に人間を縛る生死の問題こそ、釈尊出家の動機であり、真実に生きようとする人間の根本的問いといえましょう。

二　人間、生死し苦悩するもの

私たちは、なぜ「人間とは何か」と問うのでしょうか。人生の危機に直面した時、私たちは「何のために生まれて来たのか」「何のために生きてゆかなければならないのか」と問わずにおれないのです。この問いは、人間がこの世に苦悩の存在として誕生した時から生じた問いです。また人間が、真実に生きようとする時に発せられる根源的な問いでもあります。

私たちは、与えられたいのちを生きるのです。生きよと願われて誕生した私は、また死すべきいのちをも賜わっているのです。私たちは、このように生死を同時に併せ持った存在なのです。その生と死の間を、いかに生きるかが私の人生です。

明治時代に真宗教学の新しい方向を開いた清沢満之先生は、

生のみが我等にあらず、死も亦我等なり。我等は生死を並有するものなり。

（『絶対他力の大道』『清沢満之全集』〈岩波書店〉第六巻、一一一頁）

といわれました。人生の上に、生と死が別々にあるのではありません。私のいのちの上において、生と死は一つです。しかし、現代の私たちは、この本来一つである生と死を二つに分けて、意識的に生の面のみを見て、死の面を遠ざけようとしています。いつまでも生き続けると思い込んで、死の不安を避けて通ろうとします。その結果、生死の絆に縛られて、自分で自分を不自由な存在にしているのが、私たちの生き方です。

このように、生死一如の存在である自己自身を、生のみに執着し、死を遠ざけようとする自分勝手な考え、自己中心の人間の意識が、私たち自身を苦悩の存在にしてしまうのです。それが、生死流転の私たちの迷いの相です。

苦悩ということは、私たちにとって、根本的には自分の思い通りにならないことから生じるといえましょう。「ああしたい」「こうありたい」「こうでなければならない」などと、自分で考えた世界に執着して、そうならない時に私たちは苦悩するのです。しかし、誰が自分の人生は自分の思い通りになるものだといったのでしょうか。まことに自分勝手な妄想を真実であると思い込んで、それこそが善だ、幸福であると分別して生きている自分自身の思いこそ問題なのでしょう。

普通、私たちは苦しみ悩みというものを、自分と切り離して考え、苦しみや悩みは、他から自分に取りついたものだと考えています。したがって、私たちは、その苦しみを自分から引き離そうとします。あるいはまた、外から自分に取りついてきた苦しみに負けないようにします。それを一般に、心の鍛錬とか、修養といっているのでしょう。

また、私たちがいろいろのことに迷うということも、自分以外のこととか、他の人とか、何かについて迷っているように私たちは思っていますが、実は自分に迷っているのでしょう。自分というものが何であるのかわからない。そのわからないままで生きていこうとする時、わからないところから生ずる欲望や感情で、自分を固めて安心しようとします。そこから自己への愛着、一切のものへの愛着が生じます。

私たちが人生を送る時に、さまざまなものに障げられたり、振り回されたり、引きずられたりするのは、大事な自分がわからないからです。

この地球上にどれほどの人間が住んでおり、またこれまでどれだけの人間が生きてきたかわかりませんが、私という人間はただ一人しかいません。またそれは、同時に社会的存在として、今ここに生きています。そのことは、私がそれらについてどう考えようと、どう意志しようと、その私の思いに先立って、今、現にここに与えられている私の事実です。

実は、この与えられている私の事実が、私にはわからないのです。私の事実であるかぎり、もはやそれを変えたり、また他の人に代ってもらうことはできません。私のいのちは、気がついたら私として生まれていたのです。私の意志とは無関係です。その与えられた私の人生は、また一回かぎりであって、やり直しがきかず、単独的であり、誰にも代ってもらうこともできません。そのうえ有限であり、その終わりの死というものが、いつやってくるのかもわかりません。思えば、私が生きているということは、私自身にとって理解できないものだといわなければなりません。

このように、私たちが、私に与えられた私の事実が理解できないということは、私の事実を素直に受け取ることができないということでしょう。自分の存在、自分の境遇が納得できない。自分の姿、形が気に入らない。自分の上に起きている出来事が引き受けられないなど、自分の期待に反した現実の中で愚痴をいわずにおれないのです。その責任を、外へ外へと転嫁していきます。しかし、そうすればするほど、逆に私の事実が耐え難い重荷となり、苦悩となってくるのです。このような、あるがままの私の事実を、そのまま見ることのできないことを、仏教では無明、真実に暗いというのです。

三　人間、目覚めるべきもの

生死の苦悩の解決を求めて、出家された釈尊は、六年間の身心を衰えさせるばかりの苦行の無駄なことに気づき、苦行林を出られ、尼蓮禅河《にれんぜんが》（ネーランジャラー河）で身を清め、村娘のささげた乳粥で体力を回復されました。そして、釈尊は一人、河畔の菩提樹（ピッパラ樹）の下に坐り瞑想に入られます。

その深い静かな瞑想の中で、釈尊は、人間の迷いの根源は無明にあるということをさとられました。人間とは真実に暗いものである。真実を真実と知ることのできない、愚かな存在である。そこに人間の迷いの根源があると気づかれたのです。それは、自己の無明なるものの自覚です。人間とは、愚かなる存在であるということへの目覚めです。

無明の明とは、智慧のことです。真実の智慧です。人間が無明なる存在であるということは、その真実の智慧のない存在ということです。自分が迷いの存在、苦悩の存在であると気づくことのできない存在です。したがって、生死流転《しょうじるてん》を繰り返すしかないのです。このように、人間とは、無明ゆえに生死に縛られ、苦悩の存在として迷いの人生を生きるしかないと理解し捉えることができたのは、実は如来の眼によって見出された人間の相《すがた》だったのです。私がそのことに気づいたということは、気づかせてくださる如来のはたらきがあったということです。この真実の自己の相を見ることのできない私を、如来は大悲して常に見護り、呼びかけられています。

親鸞聖人は『正像末和讃《しょうぞうまつわさん》』で、

如来の作願《さがん》をたずぬれば　苦悩の有情《うじょう》をすてずして

回向《えこう》を首《しゅ》としたまいて　大悲心をば成就《じょうじゅ》せり

（聖典五〇三頁、註釈版六〇六頁）

といわれています。

自己の無明なることに気づくことなく、生死流転を繰り返す人間に向かって、如来は真実の自己に目覚めよと呼びかけられ、目覚める智慧をも与えてくださるのです。如来の大悲の智慧が、「南無阿弥陀仏」となって、私たちへ差し向けられるのです。如来は、自己のいのちを名号となし、そのまま私たちへ賜わるのです。それを、本願力回向というのでしょう。如来の大悲の智慧が、今ここに、私にとどいて、真実の自己に私を目覚ましめることを、信心というのです。

人間の迷いは、真実の自己を知らないことから生じるのでした。それゆえに、自己に執着し、自他を分別して生きているのです。そのような人生を迷いの人生、無明の生活というのです。そのような私が、如来の大悲の光に照らし出されて、この私こそ無明の存在であった、愚かとしかいいようのない私であったということに目覚めることを、信心をいただくというのでしょう。親鸞聖人の言葉をかりれば、愚禿の自覚ということであり、『歎異抄』にある、

とても地獄は一定《いちじょう》すみかぞかし。（聖典六二七頁、註釈版八三三頁）

という、「地獄こそ私の住み家」といわれる自覚といえるでしょう。

しかし、そのような自覚は、私の方から、人間の能力からは出てきません。人間の眼は、自分を直接知ることができません。煩悩、無明によって障げられた私の心の眼は、私のありのままの実相を知ることができません。それはただ、阿弥陀如来の大悲の願いより生み

出され成就した「南無阿弥陀仏」に、真実の法に出遇わせてもらうことによってのみ、目覚ましめられるのです。したがって、実は「人間とは何か」「自己とは何か」と問うことそのことも、如来の願心によるものであったのです。まことに、如来の本願がなかったならば、与えられた人生を受け取ることができず、ただいたずらに愚痴をこぼし、苦悩にのたうちまわりながら生きていくしかない、空過の人生に終わるところでした。そのような人間に、無明の自覚、愚の自覚を与えることこそ、如来の大悲であったのです。

　如来の光に照らされた、自己の真実の姿に目覚めた時に気づかされるものは、無明の私、愚かとしかいいようのない私の実相です。真実の心一つない私であったという自覚です。親鸞聖人の「愚《ぐ》禿《とく》悲《ひ》嘆《たん》述《じゅっ》懐《かい》」の和讃にも、

　浄土真宗に帰《き》すれども　真実の心《しん》はありがたし
　虚《こ》仮《け》不《ふ》実《じつ》のわが身にて　清浄《しょうじょう》の心もさらになし
（聖典五〇八頁、註釈版六一七頁）

というのがあります。これは如来の光に触れて知らされた自覚の心でしょう。

　そのような、真実心一つない私であるからこそ、「悲願、既にまします」ということ、すなわち阿弥陀如来のご苦労があったのでしょう。生死流転の人生を繰り返し、苦悩に沈む人間をそのままにしてはおけない。何とかして救いたいという願いを起こし、その願いを成就するために、無限の永い間の修行の末に、一切の人びとが救われる国、浄土と、救

われる法「南無阿弥陀仏」を成就されました。そして、如来の方より人間、私の方へ、真実の自己に目覚めよと呼びかけ、目覚める法、名号をも私たちへ賜わっているのです。

如来の悲願によって、私たちは、真実の自己に目覚ましめられるのです。それは、如来の心を私の心として生きる人間の誕生です。そこに、苦悩の人生のただ中に、如来の智慧を自己の立脚地として生きる無碍の一道が開かれてきます。このような、目覚めの人生を生きることだけが、私の人生を空過させない道であり、往生浄土の道といえるでしょう。自己の愚かさの自覚、それは如来の本願成就であり、同時に真の人間成就であったのです。

三、御同朋の精神―仏教の歴史的展開の中から―

一　平等社会を実現した仏教のサンガ

仏教は、人間が迷いの存在として、この世に誕生した時からはじまったといわれます。その人間を、迷いから真実の自己に目覚めさせようと願いをかけられ、はたらき続けている仏の本願に、人類史上はじめて気づかれ、目覚められたのが釈尊です。その根源的な願いのはたらきを、「南無阿弥陀仏」であると教えられているのが『無量寿経』です。その『無量寿経』の教えこそ真実であるといただかれたのが、親鸞聖人です。末法濁世の世、無仏の時を生きるしかない私は、ただ阿弥陀仏の本願力に遇う以外に助かる道はない。そういう私に、「真実のいのちに帰れ」と呼びかけ、自己の真実に気づかせていただく時、そこに大きな安らぎの世界が現出します。そこでは、一人ひとりが同じ一つのいのちによって生かされて生きている存在として、平等であることに頷くことができるのです。それこそサンガの世界、同朋の世界です。その世界を、自己のいのちとして生きる心こそ、御同朋の精神といえるでしょう。

一般に、仏教とは何かと問う時に、それは仏宝・法宝・僧宝の三宝であるといわれます。最初の仏宝とは、ブッダ（真理に目覚めた人）のことです。歴史的には、シャーキャムニ・ブッダが菩提樹下においてさとりを開き、覚者となった時に出現しました。

二番目の法宝とは、釈尊によってさとられた真理、「ダルマ（法）」のことです。その意味で仏教は、法を基礎とします。法を離れて釈尊は、ブッダとは成りえなかったのです。法は、釈尊が世に出ると出ないとにかかわらず、厳然として存在するのです。釈尊は、人類の歴史上はじめてその真理に目覚められ、教法として私達の前に明らかにされました。そして私達も、釈尊と同じように不滅の法をさとることによって、誰でもが「ブッダ」となれることを明らかにされました。

三番目の僧宝とは、釈尊がさとられ、教えとして明らかにしてくださった法を聞き、実践修行しようとする人びとの集まりをいいます。一般に「サンガ（僧伽）」と呼ばれています。このサンガの存在なくしては、仏弟子から仏弟子へと仏法が相続されることはなかったでしょう。そして今日まで仏法が伝統され、私にまで届くことはなかったでしょう。その意味では、サンガの存在こそ、仏教のいのちを永遠ならしめるうえで、欠くことのできない存在といえます。

この仏宝・法宝・僧宝の三宝は、仏教徒にとって最も基本的な信仰の対象です。したがって、人が仏教に入信しようとする時、まずこの三宝に帰依することが求められます。それは通常、「南無帰依仏・南無帰依法・南無帰依僧」を三唱することによっておこなわれます。

このように、仏宝・法宝・僧宝の三宝への帰依が入門の要件とされるのは、この三宝が具備するところにのみ、仏に成る道である仏道の成就があるからです。この三宝が備わることによって、仏教教団（サンガ）が成立したといわれます。

サンガは、「僧伽・衆」などと漢訳されていますが、集団、集会のことです。釈尊の教えを信じ、実践修行しようとする人びとの集まりです。それは大きく分けて、出家修行者である、比丘《びく》・比丘尼《びくに》・沙弥《しゃみ》・沙弥尼《しゃみに》・式叉摩那《しきしゃまな》と、在家信者である、優婆塞《うばそく》・優婆夷《うばい》の二種類に分けられます。出家修行者は、教団の中心を構成し、修行と伝道が義務づけられました。一方、在家の信者は、出家者から仏の教えを聞いて修養に勤めるとともに、出家者を物質面で援助しました。

またサンガは、和合衆《わごうしゅう》ともいわれています。それは自治的集団を意味します。当時の一般社会の制度や慣習に捉われず、教団内の独立した自主的な運営規則のもとに生活しました。特に教団内では、すべての人が平等であるという立場を堅持して、社会的階級や身分、貧富、性別などによる差別を一切取り払いました。したがって、サンガにはあらゆる階級の人達が入門し、また王族も賤民と呼ばれる人びとも一緒に釈尊の教えを聞き修養しました。その意味では、仏教教団としてのサンガは、正しく開かれた集団であったといえます。

二　自燈明・法燈明の遺言の意味

釈尊が、クシナガラの沙羅双樹の下で入滅される直前に、弟子達に遺言された教えが、

自らを燈《ともしび》とし、法を燈とし、他を燈とするなかれ。
自らに帰依《きえ》し、法に帰依し、他に帰依するなかれ。

という「自燈明《じとうみょう》・法燈明《ほうとうみょう》」の教えであるといわれています。

ここには、釈尊なき後のサンガのあり方、仏道修行者の心の依り処をどこに置くかが明確に示されているといえます。

ブッダとなり、人類の教主と仰がれる釈尊が、偉大であればあるほど、その教えを直接聞いた人は、その偉大な人にしがみついて、釈尊が明らかにされ、お説きになった法が聞けなくなり、法に遇えなくなることを釈尊は見抜いておられたのです。だからこそ、本当の法に遇って欲しいということを、遺言されたといえましょう。

私を救うものは法であって、人ではないはずです。しかしまた、法に遇った人を通してしか、法を聞くことができないのも事実です。法に遇わずして、人のみに遇ったとしたら

意味がありません。むしろ、その人に遇ったことが、その人についての固執になります。そこには、その人への従属意識しか生ぜず、前向きの人間は生まれてきません。釈尊が心配された、他に依る生き方になってしまい、自己を燈とする生き方、すなわち、あらゆる外的な存在から解放された真の独立者と成りえないことになります。その点に、入滅を前にされた釈尊の、仏弟子に対する懸念があり、またブッダとしての悲しみがうかがえます。

三　正像の二時はおわりにき

親鸞聖人の『正像末和讃《しょうぞうまつわさん》』に、次のようなものがあります。

　釈迦如来かくれましまして　二千余年《よねん》になりたまう
　正像《しょうぞう》の二時はおわりにき　如来の遺弟悲泣《ゆいていひきゅう》せよ
　（聖典五〇〇頁、註釈版六〇〇頁）

仏教は、釈尊の入滅後、時代をへるとともに、釈尊が懸念されたような方向へ向かっていきます。仏教では、教・行・証が説かれるのですが、教というのは教法、すなわちブッダの教えです。行は行道、すなわちブッダの教えを信じて覚道を行じることです。証は証果、すなわちその覚道を行じることによって、覚者となることです。これが、仏教の具体的な内容です。

親鸞聖人の主著は、『顕浄土真実教行証文類』で、略して『教行信証』といわれています。ここに親鸞聖人の仏教を問う姿勢が見えます。すなわち、仏教とは何かと問うことが、そのまま自分の成仏を課題とするということです。自分自身の生死出離の道を、ブッダの教えに尋ねてゆく以外に道はないということです。覚者の言葉を聞いて、覚道を歩み、覚者と成る。これが教・行・証の具体的意義です。親鸞聖人が、その道を仏教に問おうとした時に、もはやそこには教のみがあって、行・証のない世界、時代であった。その驚き、悲しむ心が、上記の和讃の心でしょう。

そのような、悲しみの涙を通して現実の自己を見た時に、この末法、無仏の時代に、たまたま縁あって仏法を学び、仏弟子となったものにとって、如来の遺弟としての真の仏弟子とは何かということが、問題となったのだと思います。

「真仏弟子《しんぶつでし》」と言うは、「真」の言《ごん》は偽《ぎ》に対し、仮《け》に対するなり。「弟子」とは釈迦・諸仏の弟子なり、金剛心《こんごうしん》の行人《ぎょうにん》なり。この信・行に由《よ》って、必ず大涅槃《だいねはん》を超証《ちょうしょう》すべきがゆえに、「真仏弟子」と曰《い》う。

(「信巻」聖典二四五頁、註釈版二五六～二五七頁)

「仮」と言うは、すなわちこれ聖道《しょうどう》の諸機、浄土の定散《じょうさん》の機なり。

(「信巻」聖典二五〇頁、註釈版二六五頁)

「偽」と言うは、すなわち六十二見《ろくじゅうにけん》、九十五種《くじゅうごしゅ》の邪道《じゃどう》これなり。

(「信巻」聖典二五一頁、註釈版二六五頁)

このように、親鸞聖人は、仏弟子のありさまを、真・仮・偽の三つに分けておられます。そこでいわれている、真の仏弟子というのは、教のみあって、行・証がないという仏教の事実を、如来の遺弟として悲泣し、では何故、教・行・証の三法が具備せずして、教のみの仏教になったのかと問うと同時に、その悲泣の中から、では如何にしたら、その教のみあって行・証なしという時代を生きる自分にとって、教・行・証の三法がそのまま成就する仏教を見出すことができるかという課題を持つことです。そこに見出されてくるのが、聖道門の仏教に選んでの浄土門の仏教です。

四　聖道の仏教から、往生浄土の仏教への転換

ではなぜ、「五濁《ごじょく》の世《よ》、無仏《むぶつ》の時」(『浄土論註』「行巻」聖典一六七頁、註釈版一五四頁)において、聖道門としての仏教に選んで、往生浄土の仏教が見出されてこなければならなかったのでしょうか。

仏教は、本来聖道門であったといえます。釈尊が、日常世間の道を捨て山に入ってきびしい修行の道を歩まれたのは、聖《ひじり》となるためであったといえます。その聖道という言葉には、次の三つの内容が含まれていると思われます。

「聖なる道」「聖者となる道」「聖者により開かれた道」という、三つの意味があります。

一番目の、「聖なる道」というのは、凡夫の道に対するものです。業縁の中を流転するしかない凡夫の人生を離脱することが、聖なる道です。聖とは、目覚めた生き方であり、凡とは、未覚の生き方といえます。したがって、二番目の「聖者となる道」というのは、凡から聖へという方向を持つことになります。凡夫、俗人の生活というのは、未覚なる日常的な人生の中に苦悩する人生です。その人生の堪え難さに気づいて、日常的な自己のありさまを断ち切って、目覚めの人生を求めて歩もうとする生き方が、「聖者となる道」です。

しかし、よく考えてみますと、ここに大きな問題があるといわなければなりません。凡夫、俗人に選んで、聖者というものを求めるということが、凡俗の中を生きている人間の人生において、可能かどうかということです。このような、「聖者となる道」を歩もうとするところには、聖者と成りうる可能性があるということが、その人の意識の深層において予期されていたということでしょう。そこに、人間の底知れぬ自負、うぬぼれがあったと考えられます。その自負が、「聖なる道」を求めて仏道を歩むことは難行道であると実感しながらも、その道を捨てることが出来なかったのです。というよりも、歴史的な存在として、この道を歩んだ釈尊の存在が、自分も同じ道を歩んでいる仏弟子であるという意識から、抜け出すことを阻止していたといえるでしょう。

そのような、人間の底知れぬ自負心によって、いつの間にか仏道が聖道の道となり、特殊な出家修行者のみの難行道といわれる教えに陥っていったのです。そのような仏教のありさまに、仏教の観念化、外道化を見られたのが親鸞聖人です。「仮の仏弟子」「偽の仏弟子」という表現が、それをあらわしていると思います。

聖者になろうという願いと、聖者になるという事実との間には、大きな矛盾があったのです。それを覆い隠したまま歩んできたために、仏教は教のみあって、行・証のない教えになってしまったといえます。

目覚めて生きようと願ったその時、目覚めるという能力が自分の中にあるのかということが、問題になるのです。それを、自己の内側に見つけていこうとすればするほど、目覚めることの根本的に不可能な自己が明らかになってきます。この根本的矛盾が、難中の難であり、そこに行・証できないものの自覚に立たざるをえないことになります。ここに、聖道の仏教から、往生浄土の仏教へと、仏道が一大転換をせざるをえなかった根本的理由があったのです。それに気づかれたのが法然上人です。そこに、浄土宗の独立があったのです。

五　万人に開かれた平等社会を実現した同朋教団

法然上人に出遇い、念仏に出遇われた親鸞聖人は、自力聖道門の修業では、智慧を極め

生死を離れることが不可能であることを自覚されて、逆に法然上人が、

「浄土宗のひとは愚者になりて往生す」（『末燈鈔』聖典六〇三頁、註釈版七七一頁）

と、念仏ひとつで往生することを話されていたといわれています。

これは聖道門の行が、人間の側の有限無常な努力の積み重ねの彼方に、無限永遠なる聖なる世界を夢見て、その間にある絶対の断絶に気がつかないところで行じられていることを明らかにしています。その絶対矛盾に気がつかないところに、人間の愚かさがあります。その人間の愚かさに気づかしていただいて、その愚かさに正直に頭が下った時に、不思議にも一転して、無限永遠のはたらきの中に、言い換えれば阿弥陀仏の本願力のはたらきの中に、有限無常なる人間が自己を尽して生きる道が、脚下から開かれてくるというのが、往生浄土ということでしょう。

親鸞聖人は、この事実に自分の二十年におよぶ比叡山での修行と、吉水における法然上人との出遇いの中で深く頷かれたのです。そこには、人間、自己の徹底した見定めと、時代の明確な認識があったと思われます。

「五濁の世、無仏の時」、如来の遺弟としての悲泣を通して、人間の心の奥深くに、人間を本当の人間として成就させずにはおかないという願い、志願があったことに気づかされたのです。それは真実のいのちの願いです。求道心への目覚めです。そのかぎり、このよ

うな求道心を満足させる世界は、人間生活のどこにでも開かれているはずです。同時に、このような求道心は、すべての人びとに共通した普遍なる心根であるといわねばなりません。聖道の仏教が、いつの間にか出家生活という特殊の世界に、この普遍の求道心を閉じ込めていました。それに対して、親鸞聖人は、現実の人間生活の場こそ、この求道心成就の道場である。仏道を求めるのに何の資格もいらない。ただ人間であること、それだけが唯一の資格であることを、現実の歴史の上で証明されました。

これによって、仏教二千余年の歴史の上に、万人に開かれた、在家の人びとを中心としたサンガが生まれました。それが親鸞聖人の下に形成された、同朋の教団です。仏教の帰依三宝の精神は、この万人に開かれた僧宝の成立をまって成就したというべきです。そこには、釈尊の「自燈明・法燈明」の心が生きています。あらゆる人間を縛る捉われから解放された、自立した人びとの集りです。ただ人間であることのみが条件である、万人に開かれた僧宝の成就こそ、「御同朋の精神」というべきでしょう

四、浄土真宗は霊魂をどう見ているか

一　死後の世界への思い

現代は、モノ中心の自然科学的な物の見方、考え方が支配的である。科学的に証明されたというと、もはや議論の余地のない自明のものと考えられている。しかし、日本では、一九八〇年代のオイル・ショックのころより、また東西冷戦構造の崩壊などにより、人類の成長神話は崩れた。物質的豊かさこそ人類の幸福の最大要素と考える思考法に、人びとが疑問を感じ出した。人びとは、精神的世界に心の充足を求めはじめた。目に見えないモノでないもの、実証的な証明のできない世界へ強い関心を示しはじめている。その結果、第三次の宗教ブームといわれる現象が起き、新々宗教といわれるものが、盛んに活動している。その中には、自然科学的信仰が身についた若者をターゲットに、一見科学的装いをこらし、一方で宗教的精神世界を科学的に証明してみせようとしている。また、肝心な点は、宗教的到達水準のステージが違う、レベルが違うといって、巧妙に証明を避けて超能力者を装うものが、かなり見うけられる。霊信仰、超能力、オカルトなどの信仰が盛んで

ある。

最近の宗教意識調査では、宗教を信じているという人は、二十パーセントくらいで、後の八十パーセントほどの人は、宗教を信じないという。しかし、大部分の人は、お墓に執着し、彼岸、お盆のお参りは欠かさない。また、亡くなった身内の法事には熱心である。そこでは、人間、自分が死んだ後、肉体は滅んでも、何かが死後の世界、浄土、天国、冥土などに残っていると信じられている。また、そういう世界があると考えられている。その死後に残る何かを、一般に霊魂といっているのであろう。

二　霊魂観

人類は今日まで、民族によって、また宗教上において、さまざまな霊魂観を考え出し、発達させ伝承させてきた。その一般的特徴を、佐々木宏幹先生は、『仏教文化事典』（佼成出版社）で、次のようにまとめられている。

（1）霊魂は、生命原理であり、それが人間の内に宿って安定している間、人間は健康である。

（2）霊魂は、その宿り場である身体を、時に離れることがあり、夢や失神は脱魂の証とされる。

（3）身体を離脱した霊魂が戻らないと、身体は衰弱し、長期にわたると死をもたらす。
（4）霊魂が身体にとどまっていても、外部の悪霊が身体に憑依し、肉身を傷つける病気になり、限度を超えると死に至る。
（5）死により身体を離脱した霊魂は、この世とは異なる他界・異界に至り存在し続ける。すなわち霊魂は、脱出、飛遊、移動可能な実体と見なされるから、霊魂観には魂が赴き住む場としての他界に関する観念（他界観）がつねに伴っている。

また、稲城選恵先生は、霊魂観を三つの観点から解釈されている。『浄土真宗の霊魂観』（百華苑）から要約すると、

（1）一次元的霊魂観＝原始的霊魂観。これはアニミズム、シャーマニズムなどに見られる、「肉体」と「霊魂」とが同一次元、同列に有形的に考えられているものである。
（2）二次元的霊魂観＝キリスト教における霊魂観。これはキリスト教に代表されるように、絶対他者としての「神」、その属性としての「霊魂」の不滅を説く。その霊魂は無形で、人間の理性では認識できない。人間は神から与えられた「霊」と、両親から与えられた「肉体」との二元的立場に立つ。キリスト教の考えでは、「神」と「人間」、「霊」と「肉体」という二元論に立つという。
（3）三次元的霊魂観＝仏教における霊魂観。これは、仏教における「超越的存在」と

「個なる存在」との関係である。華厳の教えに代表されるような、「全体即一、一即全体」、「二而不二、不二而二」という同時的関係、内在即超越の関係である。「霊魂」と「肉体」、「心」と「身体」とは、二而一、一而二という一如的立場で捉えるのである。

仏教は、霊魂と肉体との分離を説かなかった。むしろ、霊的な存在、永遠不滅の存在を、縁起の道理に照らして否定し去った。仏陀とは、縁起の自覚者であり、真理の体現者であった。仏は肉体を離れて、霊的なものとして存在しているのでもなければ、霊魂とは別に受肉として存在しているのでもない。

三　日本人の霊魂観

一般的にいって、日本人の死後についての考え方の中に、上層信仰と下層信仰の二重の構造があるように思われる。意識の上層部においては、二つの考え方がある。一つは、自然科学的信仰、無神論といわれるような知識人に、主に見られる考え方である。死後の存在を否定し、霊魂など無いというものである。もう一つは、仏教は無我を説くから、霊魂が有るとか、無いとか考える必要がないと考えるような、浄土真宗の熱心な門徒に見られる捉え方である。

しかし、日本人一般には、それらの基底に下層信仰として民間信仰的な、祖霊信仰が根強く残っている。つまり「死んだらどうなるのか」という考えである。そこには、表向きは「死んだらおしまいだ」「死ねば骨になるだけだ」「ゴミになる」「何にも無くなる」などといっていても、先祖の追善供養に熱心であり、靖国神社信仰も根強く、春秋の墓参りはかかさない、お盆の行事は年々盛んにおこなわれている。そこには、死後に何かが残り、その死者の霊と霊の住むべき世界があると信じられているのであろう。その何かを霊、霊魂、たましいなどと呼び、その死者の霊が帰って行く世界を、天国とか極楽浄土とか冥土といい、また草葉の蔭に送るのである。

心の奥底に、死後何ものかが残り、それらが存在する死後の世界があるという信仰が確固としてあるから、死者儀礼が盛んにおこなわれ、あるいは逆に、先祖の霊が祟ったりさわったりするという、罪福信の信仰も絶えないのであろう。

四　仏教の根本思想、四法印

釈尊は、一切の存在は縁起的な存在であるという宇宙・世界の真理をさとって、「ブッダ（真理に目覚めた者）」となられた。その縁起の理法は、

これある故に彼あり、これ起こる故に彼起こる。
これ無き故に彼無く、これ滅する故に彼滅す。

という縁起の公式で表現される。これは一切の存在が、いろいろの存在の関係、つながり、仮和合において存在するということである。そこには、その個的存在そのものを存在たらしめる、永遠絶対の根本存在、「アートマン（我・霊魂）」は存在しない。そのことを、仏教では無我という。また、大乗仏教では空（スーニャター）という。

仏教の根本思想をあらわすものに、四法印《しほういん》（三法印《さんぼういん》ともいう）がある。①諸行無常印《しょぎょうむじょういん》、②諸法無我印《しょほうむがいん》、③涅槃寂静印《ねはんじゃくじょういん》、④一切皆苦印《いっさいかいくいん》である。

その関係を図示すると、次の図のようになる。

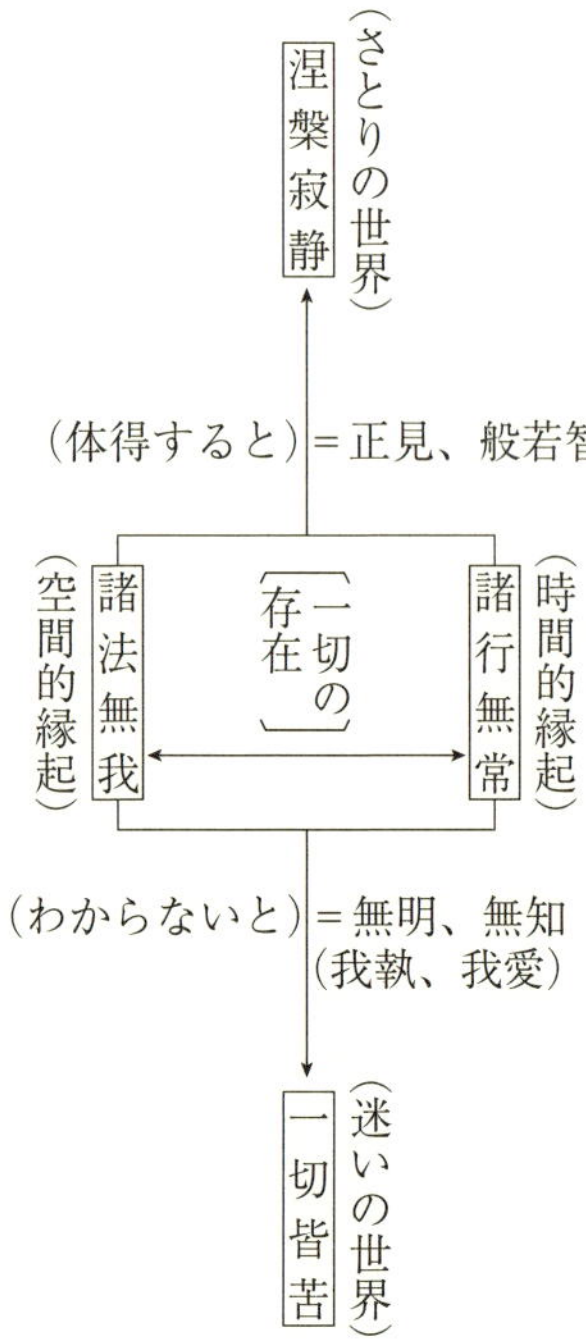

四法印では、一切の存在が縁起であるということを、「諸行無常」であり「諸法無我」

であるという。「諸行無常」というのは、あらゆるものは変化するということであり、「諸法無我」というのは、すべての存在に永遠不変の根本存在は無いということである。そのことをさとり、体得することによって、自己および一切の存在に対する執着の心を離れさせ、苦悩の世界から解脱せしめる。そこに必然的に、心安らかな世界、「涅槃寂静」の境地が開かれるのである。

逆に、一切の存在の縁起性を自覚できずに、どこかに自己のいのちに対して、存在そのものに対して執着の心を起こすことが、存在の事実に反することになる。それ故に、苦悩を生じさせるのである。そのことを「一切皆苦」、人生は苦であるというのである。

特に、自己存在についての執着の心が、我（アートマン）、霊あるいは霊魂といった存在の実在を想定させるのである。その我、霊魂の存在を、釈尊は縁起の理法をさとることによって否定し、常住不変の存在はありえないとされた。それは、世界の創造者、あるいは世界の第一原因は存在しないということである。この意味で、仏教は絶対者としての神を持たない宗教、無神論といわれることもある。

五　仏教における輪廻転生説―業報思想と阿頼耶識説―

仏教は、その教義の歴史的展開の中で、インドの宗教、哲学思想から、輪廻転生説を教義の中に受けいれた。そのことで、やっかいな問題を内包することになった。仏教は、「アートマン（我・霊魂）」の存在を否定したので、それに代わる輪廻転生の主体、すなわち何が輪廻するのかを問題とせざるをえなくなった。

そこで、その問題に答えるために、仏教者は業報輪廻《ごうほうりんね》説《せつ》を見出し、さらに展開して、喩《ゆ》伽行唯識《がぎょうゆいしき》学派では、阿頼耶《あらや》識《しき》という根本意識を輪廻転生の主体とする、阿頼耶識縁起説を確立していった。その「業《ごう》（カルマ・行為）」も「阿頼耶識（アーラヤ・ヴィジュニャーナ・根本深層意識）」も共に縁起の存在であり、永遠不変の実体とは異なるものとした。

一般的に業とは、行為のことといわれる。自分がなした行為は、それ以前の行為を因として、現在ただ今の行為を果、業報としておこない、その行為はまた次の行為、当来の業の因となる。それらの行為の果、業報は、すぐにあらわれる場合と、ずっと後にあらわれる場合などさまざまである。このようにして、その人の一生の間になしたすべての行為の内で、まだこの世でその業報を受けていないものが積み重なって、次の世界に生まれる業因、原因となるという。これが、業報輪廻の思想の大綱である。

次に阿頼耶識とは、蔵識、根本識などともいわれ、無意識の深層意識である。自己のなした、身・口・意の三業によるすべての行為は、種子《しゅうじ》となってこの蔵識たる阿頼耶識に畜えられる。これを現行《げんぎょう》薫種子《くんしゅうじ》という。そのように薫じつけられ、植えつけられた種子は、阿頼耶識の中に蔵されているが、新しい縁に触れて、再び次の行為の因となって表にあらわれてくる。それを種子生現行《しゅうじしょうげんぎょう》といっている。人は生涯、自己の行為のすべてを、阿頼耶識という根本識に内蔵しつつ、自己の責任で背負っていく。それが因となり縁となって、輪廻転生を繰り返していくのであるという。

永遠の過去世から輪廻転生し、生死を繰り返してきた、その一切の行為の種子が、阿頼耶識の中に内蔵され、それらが因、縁となり、今の私に現行している。さらに、今の私のすべての行為に影響を与えながら、やがて来る次の生へと、受け継がれていくのである。

六　浄土真宗における往生浄土ということ

蓮如上人は、

仏法には、無我にて候ううえは、

（『蓮如上人御一代記聞書』聖典八八三頁、註釈版一二八二頁）

といわれている。根本的には、浄土真宗においても、実体的な霊魂の存在は認めていない。ただ、浄土真宗では、私の救いの事実を往生浄土、あるいは浄土往生という言葉で表現する。すなわち、阿弥陀仏の浄土に往生する身になるということが、私が救われたということである。その時、よく問題にされるのが、「では何が往生するのか」という問いである。

実は、この問い方の中に、私達が知らず知らずに陥る思考の落とし穴があると思われる。それは私達の考えが、ある言葉を聞いた時、それを実体化して捉えようとすることである。浄土と聞けば、この世、穢土とは別に、あるいは死後に、極楽荘厳の仏国土が西方十万億土の彼方に実体的に存在すると考える。そして、念仏申せば、信心をいただいたら、そこに、この私、あるいは私の何かが往生する、生まれることが出来ると思うのである。

親鸞聖人は、浄土とは無量光明土であるといわれている。かぎりない光の世界、すなわち絶対の世界ということである。「西方十万億仏土を過ぎて」とあるのは、相対分別の世界を超越しているということである。人間の思考が、相対分別の知識の世界によっているから、絶対を相対の外に求めようとする。その分別智、自我の世界が、「南無阿弥陀仏」の名号のはたらきによって破られて、自己の自力無功が信知せしめられた時、すなわち信心獲得の時、私の立っていた自我の世界が崩壊し、同時に阿弥陀仏の世界、仏智に立たしめられるのである。そのことを、往生浄土とも、即得往生ともいう。

相対分別の世界から見れば、浄土は十万億仏土の彼方であるけれども、絶対はすでに相対の私を抱摂して、はたらき続けているのである。そのことに気づかしめられること、それが信心獲得《しんじんぎゃくとく》であり、私の救われること、往生浄土ということである。

そのことを、金子大榮先生は、

「念仏は、自我崩壊の響きであり、自己誕生の産声である」

といわれたと、伊東慧明先生に教えていただきました。（伊東慧明著『入門浄土真宗　真宗の教え―顕現さるべき私―』一二五頁、東本願寺出版部）

自我崩壊とは、自分の愚かさに気づくこと、罪悪深重、煩悩具足の凡夫であったと頭の下がることである。極重の悪人の自覚、機の深信である。それが、私の真実の相であったといただくのである。「自己誕生」とは、愚かなままに、悪人のままに生きるしかない私の、真実のいのちをいただくことである。生かされて生きているいのちに、気づかされることである。そのこと一つに気づかせようと、阿弥陀如来の悲願がはたらいているのである。この気づきが、法の深信である。そして、これらのことがいただけたのを、真実の信心というのである。

南無とは、自我崩壊、真実の自己の相に頭が下ったことである。阿弥陀仏とは、自己誕生。愚かなままの自分を、そのまま引き受けて立ち上がらせるはたらきの世界、仏地に樹つことである。それが往生浄土の歩みとなるのである。このことを、曾我量深先生は、「信に死し、願に生きる」といわれた。

したがって、浄土に往生する主体は、この愚かな私以外にないのである。これが親鸞聖人の、浄土真宗の教えである。それが救いである。霊魂があるか無いかを問う必要がない。現生正定聚《げんしょうしょうじょうじゅ》、平生業成《へいぜいごうじょう》こそ、浄土真宗のいのちである。

「死んだらどうなるのか」「死んだ後何かが残るのか」などという考え方は、「有無《うむ》の見《けん》」、有るか無いかに執われた考え方であり、執われた人間の迷いの相である。阿弥陀如来の本願に遇い、信心をいただいたものには、もはや用のない世界である。

これが浄土真宗、特に親鸞聖人の霊魂についての見方、捉え方であると私は考える。

Ⅲ　浄土真宗の救いのすがた

一、呼び声は西風に乗って―世界は二重構造―

一　真実に遇う

風　　榎本栄一

むかい風の自転車で
ナムアミダブツ
風が申すには
念仏の衆生に会いたくて
十万億土からやってきた

（『煩悩林』〈難波別院〉九四頁）

先日、当寺の御正忌報恩講にお参りくださった方が、「真実と出遇うということがいわれますけど、具体的にはどういうことでしょうか」という質問をしてくださいました。真実といっても、真実というものがどこかに具体的に、実体的にあるということではありません。私たちは、真実そのものを直接つかまえることはできません。真実が分かったと私たちが考えた時は、それはもう真実ではありません。それは、私の思いの中の世界に過ぎません。私たちは、その事実に気づけないところに、大きな闇を抱えているのだと思います。

私たちの上でいえば、自分の間違いに気づくとか、自分の愚かさに目覚めるということとして、真実そのものに出遇う。そういう、知らされる気づかされる、目覚めさせられるというような形で、真実に出遇うのではないかと思います。

そのようにお話ししているうちに、そういう真実世界に目覚めるには、本当の師といえる人に出遇うことが大事ですねという話になりました。

真実そのもの、真如、一如というのは、私たちの思いを超えた世界です。言葉で表現すると面倒なことになります。人間の理知分別で把握することはできません。どうしても、神話的表現にならざるをえません。『阿弥陀経』では、

これより西方《さいほう》に、十万億の仏土を過ぎて、世界あり、名づけて極楽《ごくらく》と曰《い》う。その土に仏まします。阿弥陀《あみだ》と号《ごう》す。（聖典一二六頁、註釈版一二一頁）

と説かれています。

このように、「西方十万億土の彼方に極楽という国がある。そこに阿弥陀仏という如来がましますす」という神話的表現をとって、真実世界を表現しようとされているのです。ですから、実在的にそういう世界があるということではありません。

親鸞聖人は、

法身《ほっしん》は、いろもなし、かたちもましまさず。しかれば、こころもおよばれず。ことばもたえたり。この一如《いちにょ》よりかたちをあらわして、方便法身《ほうべんほっしん》ともうす御《おん》すがたをしめして、法蔵比丘《ほうぞうびく》となのりたまいて、不可思議の大誓願《だいせいがん》をおこして、あらわれたまう御かたちをば、世親菩薩《せしんぼさつ》は、尽十方無碍光如来《じんじっぽうむげこうにょらい》となづけたてまつりたまえり。

(『唯信鈔文意』聖典五五四頁、註釈版七〇九～七一〇頁)

と教えてくださっています。

法身すなわち真如そのものは、色も形もないので、私たちは認識することが出来ません。それで真実なる如来が、真如の世界から姿、形を現してくださった仏を、方便法身の仏と申し上げるのだといわれます。方便とは、インドのサンスクリット語で「ウパーヤ(upāya)」という語の翻訳語です。手立て、手段という意味です。実は、浄土の仏、阿弥陀如来は、榎本さんが詠われように、私たちに認識できるように、「ナムアミダブツ」という言葉の仏、名号となって、西方浄土から、真実のいのちの世界を知らせるために、真実に背き、迷い苦悩している衆生を救うために、この世に現れてくださったのです。

さらにいえば、私たちの目の前にある一切のものが、真実が形を取った方便法身の相《すがた》です。それが私たちには当り前すぎて、ものそのものの真実の顕現とは見えない、いただけないのです。自我の眼、自分の思い、自分の都合でしか見ないから、受け取ることができないのです。価値の世界、分別の知でしか見ていないからです。高いか安いか、役に立つかどうか、きれいかきれいでないかなど、世間的価値基準でものを見ています。ですから、ものそのものの相が見えないのです。それを仏教では、無明といいます。そのことを少し考えてみたいと思います。

二　世界は二重構造―「思いの世界（自力世界）」と「真実世界（他力世界）」―

現代を生きている私たちは、無意識の内に、自分が把握し理解している世界が全世界であり、その他に世界があるとは考えていません。しかし、仏法は、私たちが生きている世界を、二重構造として説かれています。そのように考えると、仏教の、特に浄土真宗の教えを理解するのに分かりやすいのです。

最近では、その世界をイメージ図にして紹介しながらお話させていただいています。「絶対真実の世界（B世界）」と「私の思いの世界（A世界）」の二重構造ということです。

「風船の譬え」（世界は二重構造）

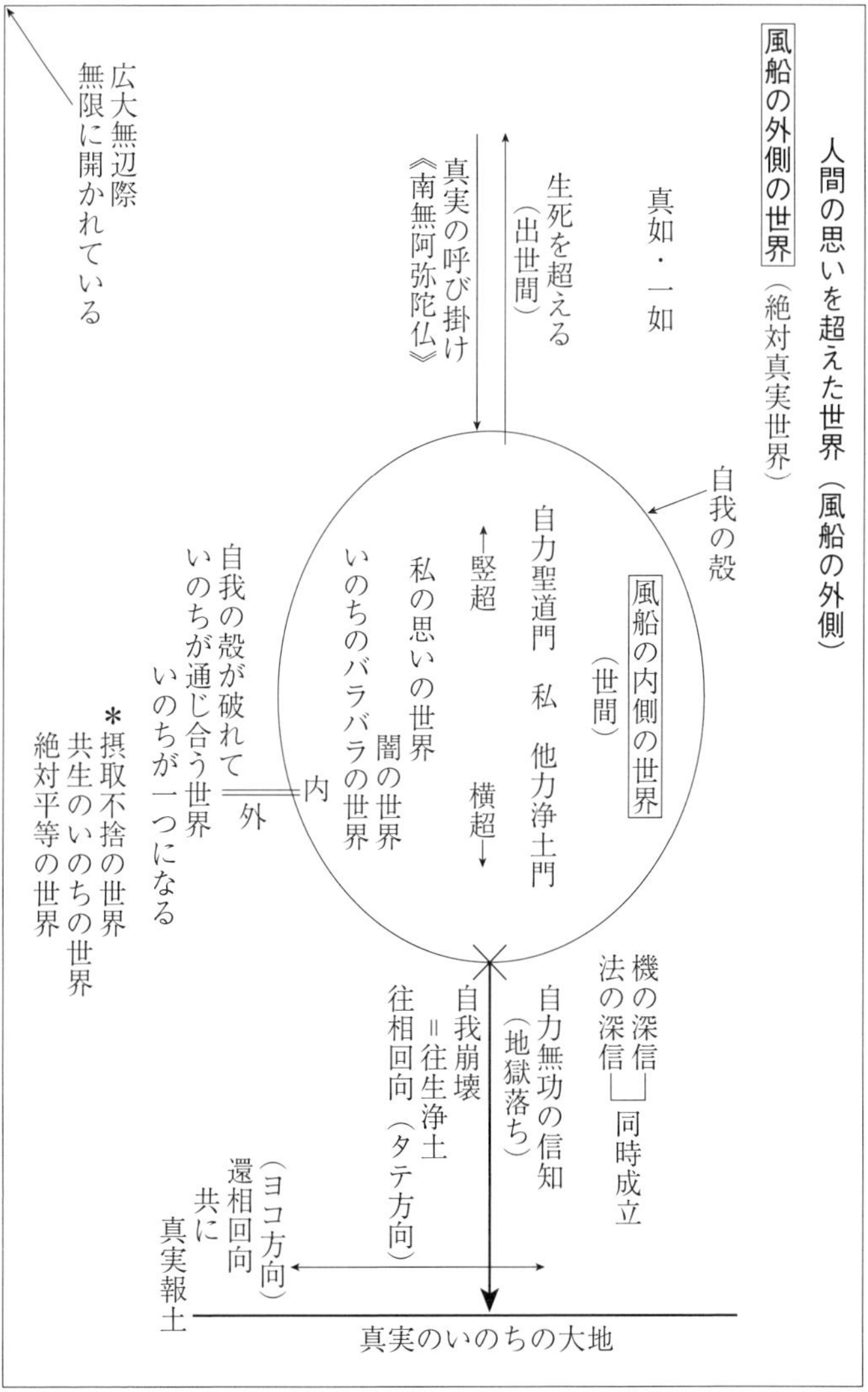

人間の思いを超えた世界（風船の外側）
風船の外側の世界
（絶対真実世界）
真如・一如
生死を超える
（出世間）
真実の呼び掛け
《南無阿弥陀仏》
広大無辺際
無限に開かれている
自我の殻
風船の内側の世界
（世間）
自力聖道門　私　他力浄土門
←竪超
横超→
私の思いの世界
闇の世界
いのちのバラバラの世界
内
外
自我の殻が破れて
いのちが通じ合う世界
いのちが一つになる
＊摂取不捨の世界
共生のいのちの世界
絶対平等の世界
機の深信
法の深信
同時成立
自力無功の信知
（地獄落ち）
自我崩壊
＝往生浄土
往相回向（タテ方向）
（ヨコ方向）
還相回向
共に
真実報土
真実のいのちの大地

「私の思いの世界」は、私たちが今生きている現実世界、人間理性の世界、自我の世界です。私たちは、そこだけが真実にあると考えています。それが、脳科学者の養老孟司先生がいわれる「バカの壁」で仕切られた世界です。それが合理的な科学の知がおよぶ世界です。仏教では、その世界は、人間の思い、エゴ、自我が作り出した世界だと教えます。娑婆《しゃば》世界ということです。娑婆とは「サハー」というサンスクリット語で、「思うようにならない世界」という意味です。したがって苦悩せざるをえません。右往左往の相が、六道輪廻の世界です。

実は、それを超えて世界があるということを教えるのが、真実の仏教、あるいは宗教です。それを、絶対真実の世界と私はいっています。そこは、仏、如来の世界であり、浄土です。私の思いを超えた世界です。その世界を、親鸞聖人は、他力の世界といわれているのだと思います。

私たちは、養老孟司先生がいわれる「バカの壁」に仕切られた、風船の内側の世界を生きています。そこからは、風船の外側の世界は見えません。そういう世界があるとは気づけません。中国の古代の思想家荘子のいう「井の中の蛙、大海を知らず」ということです。現代の私たちは、科学の知があまりに有効であったために、それに酔ってしまい、それを超えた世界があることに気づこうともしません。そういう世界が無くても、生きていけると思っています。そこに現代社会の持っている、深い闇があると私は考えています。

三　私の思いを超えた世界に目覚めるには

私たちが今生きている世界を、仏教では娑婆といいます。その世界は、人間の思い、理性が作り上げた世界です。端的にいえば、自我欲望の世界です。迷いの世界、真実に背いた世界であり、だから苦悩の世界というのです。仏法は、その世界を超え出ることを説きます。この世間を超え出たところに賜わる世界を、出世間の世界、すなわち、さとりの世界、真実世界、仏・如来の世界といいます。そこに私たちが、いのちの立脚地を得ることが、救われるということだと思います。

私たちが、そういう真実世界に目覚めるために、仏道があるのだと私は考えています。私たちは、どうしたら、私の思いを超えた世界に触れることができるのでしょうか。

仏教は、そのためには、自我の壁を破ることが必要であると説いてきました。その方法として、苦行《くぎょう》や禅定《ぜんじょう》、瞑想、座禅あるいは聴聞《ちょうもん》ということが実践されてきました。そのことを通して、自我の壁を超える道として説かれたのが、ひとつは自力聖道門《しょうどうもん》の道であり、もう一つは他力浄土門の教えです。その二つの流れが、仏道として説かれてきました。無になるということも、自力無功の信知ということも、自我を生み出す煩悩熾盛《ぼんのうしじょう》を無くし、自我の壁を超えるということです。そこにはからずも、私の思いを超えた世界に触れることができるのです。

他力浄土の教えでは、その道を「南無阿弥陀仏」という名号を通していただかせてもらうのだと示されているのです。念仏申すとは、南無する自我の絶対否定と、自力無功《じりきむこう》の信知というところに、そのまま阿弥陀仏の世界、絶対肯定の世界、真実世界、摂取不捨《せっしゅふしゃ》の世界が実現するということです。大谷派の金子大榮先生は、「念仏は、自我崩壊の響きであり、自己誕生の産声である」と教えてくださいますが、念仏のはたらきを端的に表現された言葉だと思います。罪悪深重《ざいあくじんじゅう》、地獄一定《じごくいちじょう》の私の信知は、同時に、如来大悲の本願に出遇ったということです。

私たちは、どこかで、自分の思い通りになることが幸せの道であると考えています。だから、自分たちの思いを遂げようとして、人類は限りない努力をして文明を築き上げてきました。その結果が、現代の物質的に豊かな、高度情報社会の実現となったのだと私は考えています。しかし、本当に幸せといえる世界が実現できたのでしょうか。方向が違っていると思わずにはいられません。

四　出世間の教え―立脚地の転換―

仏教あるいは宗教の世界には、いわゆる科学の知といわれる、人間理性の力で捉えることのできる範囲を超えた世界を、根本的なところで持っています。私は、仏教あるいは宗教の世界を理解するのに、二重構造として理解するのが分かりやすいと思っています。それをあらわしたのが、前掲の「風船の譬えの図」です。

私たちは、人間の知識、理性を超えた世界を、そのまま人間理性、日ごろの心で理解する、認識することはできません。ところが、私たちは、仏とか如来とか浄土という言葉を覚えて知っています。だから分かっている、知っていると錯覚しているのです。

本当は、仏とか如来とか浄土という言葉でいいあらわされているものは、人間の、私たちの思いを超えた世界のはたらきをいっているのです。私たちが分かった、知っているといっているのは、言葉を通して、自分の理性の範囲内で理解した、私の思いに過ぎません。

数年前でしたか、地元佐賀の教務所の「聖典講座」の席で、受講生の方から「仏教の究極の目的は何ですか」という、非常に端的な、そして大事な質問を受けました。その折、私はおよそ以下のように答えました。

「仏教の究極の目的、目指すところは、私たちが今生きている世界（世間・シャバ・生死の世界・此岸）の外に、真実世界、私たちの思いを超えた世界、次元を異にした世界（出世間・浄土・彼岸・不可思議の世界）があることに目覚め、その世界を自己の立脚地として生きる私に成ることです。そのことを、仏教では一般的に解脱とか出世間といい、浄土教では往生浄土（立脚地の転換・思いの世界から真実世界へ）といいます。

その目的を、私の上に、いかにして実現するかという道筋が、仏道として説き明かされてきました。その目的が、私の上に成就したことを成仏といいます。また、真実の救いの成就といってきました」。

仏教は、出世間の教えです。出世間とは、世間を出ることによって救われるということです。その世間というのは、私たちが今生きている世界のことをいいます。そこは娑婆世界、苦悩の世界です。実は、そこは真実世界のまっただ中に、自分の思いで作り上げた世界です。自分では認識していませんが、無意識のうちに、私たちはエゴ、自我の思い、つまり自分の物差しであらゆるものを理解しているのです。それが娑婆世界、世間です。その中で、自分の思い通りにいかないと苦悩するのです。縁起の世界であるという諸法無我、無常の世界であるという諸行無常が受けいれられずに、右往左往しているのです。これが、六道輪廻の世界です。

仏教は、その世間を超えて世界があるということを教えます。その世界が出世間の世界です。その世界を、別の表現でいえば、仏・如来の世界、浄土、涅槃の世界、さとりの世界などといいます。一般的な表現を使えば、真実世界、絶対世界、絶対真実の世界ということです。

五　呼び声は西風に乗って

なぜ、世間を出るという、出世間の教えが説かれるのかということですが、それは、私たちが今生きているこの世が、真実のいのちに背いた生き方になっているからです。苦悩の世界、闇の中だからです。自分の思いで作り上げた世界です。

私たちは、自分がそういう世界を生きているとは思っていません。むしろ、光の中にいると考えています。私たちは、自分が闇の中にいるとは、ほとんど思っていません。私たちを照らしているのは、人工の光、人間理性の光であって、真実の光ではないのです。

真実は光となり、教えとなり、私たちの真実相を照らし教えてくれるのです。真実の光とは、私たちの思いを超えた世界から、私たちを照らし出し、私たちの見えないところまで明らかにする光です。

私たちは、真実の光に出遇わなければ、自分の闇は見えず、真実の教えに遇わなければ、自分の自我の思いに、煩悩に捉われた自分に気づけないのです。真実の光に遇い、本当の自分の相《すがた》に気づかされて、真実を知らない愚かな私であったと頭が下がったとき、すなわち南無した時に、私たちが作り出した自我の壁、真実を見えないように目隠ししている「バカの壁」、私を覆っている「風船の枠」が破れて、自分の思いで作り上げていた立脚地が粉々に崩壊し、まっさかさまに地獄へ堕ちるのです。親鸞聖人は、その事実を、

とても地獄は一定《いちじょう》すみかぞかし。（『歎異抄』聖典六二七頁、註釈版八三三頁）

と、「地獄は一定住み家」いわれます。その私を、そのまま救い取ってくださるはたらきが、無限大の風船の外側の世界、絶対真実の世界です。真実のいのちの世界です。その世界、はたらきを、浄土の教えでは、阿弥陀如来、阿弥陀の浄土といいます。そこではじめて、私たちは真実世界に触れることができるのです。真実そのものの世界、仏・如来の世界と一つになることができるのです。それが往生浄土、たすかったということです。それを、摂取不捨の救いといわれているのです。

そういう世界があることに気づけと、西方浄土から、自我の壁の外側から、常に真実世界に目覚めよと私に願い続け、呼びかけ続けているはたらきを、「南無阿弥陀仏」というのです。南無阿弥陀仏は、真実世界のあることに気づかず、真実に背き続ける私たちに、姿を現し言葉の仏となって、私たちの前に現れてくださった方便法身《ほうべんほっしん》の如来様です。その如来のはたらき、願・行を通して、私たちは真実に出遇い真実に目覚めることが出来るの

です。

私たちは、言葉を離れてものを知るということは、なかなかできません。いつの間にか言葉を駆使して、言葉を超えた世界を説明しています。罪悪深重、煩悩具足の凡夫の存在を離れることが出来ません。そういう私に、聞こえてくる世界があると、念仏の詩を書いてくださった宇野正一先生は詠ってくださいます。「呼び声が聞こえてきます、西風に乗って」と。

おりんふたつ　　宇野正一

さがしても
さがしても
みつからない
大切なものが
おりんふたつ　鳴らすと
きこえてきます
きみょうむりょうじゅにょらい
なむふかしぎこう

おつとめをするときおりんを二つ鳴らします。

その意味をふかく私は識りません。

けれども、そのあとに、
けれども、そのあとに、

「私の生きるべきみち」

「私のたどりきたみち」

「私のこれから行くべきみち」

が、きこえてくるのだと、教えていただきました。


（『樹に聞く　花に聞く』〈柏樹社〉一二〇頁）

二、自己の立脚地の転換―浄土真宗の教えの根本―

一　課題をいただいて

仏教は、私たちに何を求めているのだろうか。浄土真宗の教えは、私たちの生き方とどう関わっているのだろうか。「浄土真宗の教えの根本」についての法話を書くように依頼されてから考え続けている。はじめは、「浄土真宗の根本の教え」という風に理解して、何か浄土真宗の基本とされる教義について書けばいいと簡単に考えていた。しかし、ふといや逆だった、「根本の教え」ではなくて、「教えの根本」を問われているのだと気がついた。それから、「仏教とは」、「浄土真宗とは」、また「自己とは何か」など、ぼんやり考えているうちに、「真実の立脚地（畢竟依・帰依処）」に自分が立っているかどうかの問題ではないかと思いついた。そこから仏教、ここでは「浄土真宗の教え」というものを考えてみたいと思う。それで表題のような「自己の立脚地の転換」という題にした。

作家五木寛之氏は、ある著書の中で、現代の日本人の精神状況を一言で、「あてどなさ」と指摘されている。またある人は現代人を、「ドーナツ人間」と呼んでいる。至言だと思う。まさに中心の無い外側ばかりを気にする、真の立脚地を見失った現代人の姿が、私たちではないだろうか。

今、「知のパラダイム転換」ということがいわれている。現代社会を作り上げた知の体系が、あちこちで行き詰まりを見せている。現代社会は、人間の理性が作り出した人工化、都市化社会といわれる。その基礎は、科学の知であるという。その特徴は、普遍性・論理性・客観性にあるとされる。それは、人間の理性を中心に置き、他の一切の存在を自己の外なるものと見做して、分析、利用する知恵である。それを打破するためには、いままでの知の体系とは違ったものが必要であるということであろう。そこで求められている方向は、私たち人間の本質的な知の転換である。その一つの方向を、知識から智慧へという知の転換を教える仏教は、既に説いてきているといえよう。

そういう意味で、現代の精神的危機を救う道は、真実の仏教の教えの中に、特に親鸞聖人の教えに、浄土真宗の教えにあると私は考える。ただ、しかし、ストレートにその教えがすばらしいからといって、現代に持ってきても通用しないと思う。現代の精神状況とどう切り結ぶかが、大事であると思う。哲学者西谷啓治先生が、「現代に仏教が無い。仏教に現代が無い」と指摘されて久しい。

私たちは、現代社会のただ中を生きる者として、また仏教、浄土真宗の教えを学ぶ者として、その課題に答える義務があると思う。それについて、以下少し浄土真宗の教えを通して考えるところを述べてみたいと思う。

二　浄土真宗の教えの三本柱

一般に浄土真宗の教えは、次の三点に要約される。すなわち、①他力回向の教え、②悪人正機の教え、③往生浄土の教え、の三つである。私は、この教えのそれぞれが、自己の立脚地の転換を教えていると考えている。それを一言で表現したのが、浄土真宗でいう信心獲得ということである。その信心を得るということが、私の生き方において具体的にどのようなことであるかということが、はっきりしなくなっていると私には思われる。

信心をいただくということは、私の上に自己の立脚地の転換が起こることだということを述べたいと思う。宗教的には、廻心といわれるものである。それはたんに、心を廻らすということではない。私の存在の立脚地が転ぜられる、引っ繰り返るという出来事である。それが、信心獲得ということである。

自分の存在の絶対否定ということを通して、絶対肯定の世界をいただけるということを教え示すのが、仏法というものである。特にそれが、明確な形で示されているのが、浄土真宗の教えであると考える。そこに、すべての人びとが、間違いなく救われていく道があると教えられている。自己の立脚地の転換ということは、仏法が、特に浄土真宗が説く救いの構造が明らかにしている。そのことを浄土真宗では、三つの要点を押さえて説き示している。

三　他力回向の教え

他力回向ということは、第十七願成就の「南無阿弥陀仏」が、私まではたらきかけているということである。これは「いずれの行もおよびがたき身なれば」（『歎異抄』聖典六二七頁、註釈版八三三頁）という自力無功の信知、機の深信を通して、一切を如来におまかせることによって、地獄一定《いちじょう》の私がそのままで救われる道が、阿弥陀如来の本願力という絶対他力のはたらきの中に成就していることを明らかにする教えである。自我の立場から、他力の立場への転換である。そしてその転換は、実は如来のはたらきによってのみ成就することを、他力回向ということで教えられているのである。

如来は、私たちに自己の真実の相を知れと呼び掛けて、真実の光によって私たちの現実の世界を照らし出されている。それが、他力回向のはたらきである。そのはたらきによって私たちは、真実の世界に目覚め、真実の自己の相、機の真実に気づかされるのである。それが真実の信心だと、親鸞聖人はいわれている。

絶対の救いは、私を超えたはたらきによってしか成就しない。それが他力の教えである。自分の力で自分を超えることはできない。しかし、私たちはなかなか自力の心、自力の思いから抜け出すことはできない。いろいろな苦悩や困難にぶつかった時に、私たちは自分は間違っていないと自分の立場を固持し、その上で苦悩や困難は外からやってきたものだと考える。それが、祟りや障りの信仰となる。一般に仏教を信仰するということは、そのような外からやってくる苦悩や困難に対応する道を手に入れることだと考えられている。

四　顚倒の人生

そのように、自分を疑うことができないから、自己を変えるにしても、自己の能力の範囲内でしかできない。そのことを親鸞聖人は、『教行信証』の「化身土巻《けしんどかん》」で詳しく述べられている。それが、自力聖道門、第十九願、第二十願の世界であり、そして外道の世界であるといわれる。それはまさに、今この私たちが生きている現実の世界の相であるということ。しかし、そのような人生が、真実のいのちのありさまに背いた顚倒の人生であるということに、私たちは気づいていない。否、むしろ間違いの無い人生を生きていると思っている。その思いが、自力の分別であることさえも気づけないのが、私たち凡夫というものである。

親鸞聖人は、『一念多念文意』で、

凡夫《ぼんぶ》というは、無明煩悩《むみょうぼんのう》われらがみにみちみちて、欲もおおく、いかり、はらだち、そねみ、ねたむこころおおく、ひまなくして臨終《りんじゅう》の一念にいたるまでとどまらず、きえず、たえずと、（聖典五四五頁、註釈版六九三頁）

といわれている。そういう自分の相に気づけないのが、凡夫なのである。だから、そのことに気づかせようと、願いはたらき続けているのが、阿弥陀仏の本願力、他力回向のはたらきである。

自分の人生が、真実のいのちに背いた、顚倒の人生であることに気づかない私たちに、如来は自分の立脚地たる真実世界を飛び出して、南無して捨て去り、この裟婆世界へ出現して、五劫《ごこう》の間思惟《しゆい》して、兆載永劫《ちょうさいようごう》という無限の間修行して、真実の救いの法たる「南無阿弥陀仏」という呼び声に成ってくださって（第十七願）、真実の救いの世界、真実の立脚地である浄土を建立してくださって（第十一願）、「ここへ生まれよ」「ここを自分の立脚地とせよ」と呼び掛けてくださっている。自我の人生を捨てて、浄土に依れと立脚地の転換を教えるのが、他力回向の教えである。

五　悪人正機の教え

悪人正機の教えというのは、他力回向の真実のはたらきによって照らしだされて、私の真実相が明らかになる、自覚されるという教えである。そこに立脚地の転換が起こらざるをえないというのが、悪人正機の救いである。それは、私たちの常識の立場、世間道徳、世間知の立場の転換を迫るものである。今日、一般的に信じられていることは、賢・善・精進の道こそ、この人生の間違いない道であり、それに外れることは、人生の落ちこぼれと見做されるのである。しかし、そこに見落とされている視点がある。それは、我が身が生きている現実の世界である。賢・善・精進の道は、実は人間の理性、分別が考え出した世界である。その世界を自分は間違いないと考え、それを自分は実現可能だと思い、事実、自分はその世界を生きていると思っている。そういう人を、『歎異抄』の第三条では「善人」といわれている。そのことがすべて自我の思いの世界でしかなかったと、我が身の現実に目覚めた人を、「悪人」といわれている。

榎本栄一さんの、「罪悪深重」という詩に、

罪悪深重　　榎本栄一

私はこんにちまで

海の　大地の

無数の生きものを食べてきた

私のつみの深さ

底しれず

（『煩悩林』〈難波別院〉一一八頁）

というのがある。私たちが、当り前にしている世界は、けっして当り前の世界ではない。しかし、私が生きていく上に避けて通れない。そのいのちの事実に目を開き、驚き、頭の上がらない世界に気づくことを、悪人の自覚、機の深信という。それが第十八願で、

唯五逆《ただごぎゃく》と正法《しょうぼう》を誹謗《ひほう》せんをば除く。

（聖典一八頁、註釈版一八頁）

と説かれる、「唯除の文」が教え示している信心の世界である。

そこに、私の今立っている自我の立脚地が崩壊し、立っている場を失って地獄へまっさかさまに堕ちるこの身を、そのまま抱き取ってくださるのが阿弥陀仏の摂取不捨の救いである。

悪人正機の救いとは、自分が罪悪深重、煩悩熾盛の凡夫であった、悪人であったと、そのことに頭が下がることである。そこに自分の立っている自我の世界の底が破れて、地獄堕ちの自分を自覚する。その時、同時にそういう自分を抱き取っているいのちの大地、如来の本願海に気づかされる。そのことは、自己の真実相に気づかせてくれた真実のはたら

き、阿弥陀仏の本願に出遇ったという、法の深信ということである。そこに立脚地の転換を通して、真実の救いが与えられる。それが、悪人正機の教えである。

六　往生浄土の教え

往生浄土ということが、浄土真宗の救いをあらわしたものである。しかし、そのことが、今日ややもすればなおざりにされているように思われる。浄土という言葉は、たんに理想世界や、死後の世界を示す言葉ではない。それは真実の救いの世界であり、私たちが真に生きるための真の立脚地をあらわす言葉である。

如来回向の他力真実のはたらきによって、我が身の事実に目覚めさせられ、悪人であった、愚か者であったと頭が下がった時に、自我の世界が崩壊して、真実のいのちの大地、浄土に立つことを往生浄土と示されている。自己の立脚地が転ぜられて、真実の大地、畢竟依に立つということである。そのことを善導大師は、『往生礼讃』で、

前念に命終して、後念にすなわち彼の国に生まれて、（前念命終、後念即生）

（真聖全一、六五二頁、七祖篇六六〇～六六一頁）

と示され、親鸞聖人は、『教行信証』「後序」で、

心《しん》を弘誓《ぐぜい》の仏地《ぶつじ》に樹《た》て、念を難思《なんじ》の法海に流す。

（聖典四〇〇頁、註釈版四七三頁）

と説かれる。

また、真宗大谷派の曾我量深先生は、「信に死し、願に生きよ」といただかれ、また碩学金子大榮先生は、「念仏は、自我崩壊の響きであり、自己誕生の産声である」といただかれている。

妙好人、浅原才市の歌に、

才市は、臨終済んで
葬式済んで、みやこに
心住ませてもろうて
ナムアミダブと
浮き世に居るよ
（鈴木大拙編著『妙好人浅原才市集』〈春秋社〉一〇六頁、読みやすいように筆者が手を加えた）

と歌っています。

信心獲得による自我の死を、「臨終済んで、葬式済んで」と歌い、真実の自己の世界を生きている姿を、「みやこ（浄土）に、心住ませてもろうて、ナムアミダブと、浮き世に居るよ」と歌っている。

真実の浄土を立脚地として、この苦悩の娑婆を生きていくことを、往生浄土の人生として教えられているのが、浄土真宗の教えである。それは、私の立脚地が自我の狭い世界から転ぜられて、真実のいのちの大地という、広い浄土を立脚地として生きる者になるということである。真実のいのちの大地を生きるということは、真の独立者、自由人になるということ、それが、

念仏者は、無碍《むげ》の一道なり。（『歎異抄』聖典六二九頁、註釈版八三六頁）

といわれる世界である。

同時にそこは、いのちの共なる世界であり、苦悩の人びとと共に浄土へ生まれようとの願いを生きる世界でもある。それを親鸞聖人は、御同朋、御同行の世界といわれた。そういうことが、浄土真宗の教えの根本にあると私はいただいている。

三、愚者になりて往生す

一　仏教の究極の目的とは何か

ある講座のおりに、「究極のところ、仏教は何を目指しているのですか」という端的な質問をいただいた。いろいろな答えがあると思いますが、私は次のように答えました。

「仏教の究極の目的、目指すところは、私たちが今生きている、自分の思いで作り上げた世界、世間、シャバ、生死の世界、此岸を出て、真実の世界、私たちの思いを超えた世界、次元を異にした世界、出世間、浄土、真実の世界、彼岸、不可思議の世界があることに目覚め、その世界を自己の立脚地として生きる私に成ることです」と。

従来の仏教の表現でいえば、解脱すること、浄土教の表現では、往生浄土ということです。その目的を私の上にいかにして実現するかという道筋が、仏道として説かれ、明らかにされてきたのです。その目的が私の上に成就したということが、成仏、仏に成るということであり、真実の救いでもあるのです。

親鸞聖人は、この仏教の究極の目的を、私たちが成就する道を、晩年の手紙の中で、師

の法然上人の言葉を引かれて、

「浄土宗のひとは愚者になりて往生す」（聖典六〇三頁、註釈版七七一頁）

といわれています。これが親鸞聖人が明らかにされた、浄土真宗ということです。

二　思いの世界と真実の世界

最近、十代の子ども達がおこす、考えられないような事件が連続しています。今、考えられないようなといいましたが、そういった裏には、私達の頭の中に考えられる世界というものが、無意識の内にあります。考えられる世界とは、自分の思いが通る世界、人間の思いの範囲内ということです。

私たちは、そういう、人間の思い、理性が作り出した世界を生きています。そういう世界を仏法では、世間、あるいはシャバ（忍苦の世界）といいます。それは、人間の頭の中で考え作り出した世界です。その世界を、元東京大学の解剖学者である養老孟司先生は、「脳化社会」といわれています。

そのことを教えてくれる、小学生の言葉があります。

運動場（小学五年生）

休み時間には

狭い狭いと言って遊んでいる
朝礼の時に
石を拾うときには
広い広いと言って
拾っている

〈竹下哲著『暮らしのうた〔私の人生ノート〕』〈地湧社〉二二七頁〉

ここに私たちが生きている世界が、みごとに表現されています。私たちの生きている世界は、人間の思いが作り上げた世界です。私たちは、その世界だけが実在だと考えています。そこは人間の思いが作り上げた世界ですから、絶対的な世界ではありません。人間の思いの都合で変わる世界です。

ですから、同じ広さの運動場が、自分の思いで狭くなったり、広くなったりするのです。自分の好きなことをしている時には、時間はあっという間に過ぎていきます。逆に、嫌々やらされている仕事の時間や、何もすることがない時の時間はなかなか進みません。また、私たちが自分の思いの世界に浸かっていると、見えなくなってしまう世界があります。

ふしぎ　　　金子みすゞ
わたしはふしぎでたまらない、

黒い雲から降る雨が、
銀にひかっていることが。

わたしはふしぎでたまらない、
青いくわの葉たべている、
かいこが白くなることが。

わたしはふしぎでたまらない、
たれもいじらぬ夕顔が、
ひとりでぱらりと開くのが。

わたしはふしぎでたまらない、
たれにきいてもわらってて、
あたりまえだと　いうことが。

（『金子みすゞ童謡集第一集　わたしと小鳥とすずと』ＪＵＬＡ出版局）

私たちは、いつも見慣れている世界はみんな、当り前としか思えないのです。それは私たちの生き方、モノの見方が、自分を中心にして、自分の外のモノも自分の中に取り込んで生きているのです。すべて自分の思いの中にあるから、当り前にしか見えないのです。

当り前だと、自分の思いで捉えていた世界は、本当は当り前ではなかったのです。私たちの思いを超えて、与えられていた世界だったのです。夭折の詩人金子みすゞが歌うように、不思議の世界、不可思議のいのちの世界だったのです。それが、真実なる世界です。そういう世界が、いつも私たちの根底に生きていて、はたらいて存在しているのです。しかし、私たちにはそれが見えず、気づきません。それは私たちが、自分の思いの世界を生きているからです。仏法は、そのような自分に気づけと教えているのです。

三　罪悪深重、煩悩熾盛の凡夫

親鸞聖人は、『正信偈』の中で、

邪見憍慢《じゃけんきょうまん》の悪衆生《あくしゅじょう》

（聖典二〇五頁、註釈版二〇四頁）

と述べられています。邪見ということは、間違ったものの見方、考え方ということですが、最初からそう気づいているということではありません。むしろ、自分の見方、考え方は間違いなく正しいと考えていて、そのことを絶対化していることを邪見というのです。自分の思いを絶対化していますから、別の見方、考え方を受けいれません。聞く耳を持たないということです。閉ざされた世界を自ら作り、その中を生きているのです。それが現代人の特徴です。たくさんの知識を身につけたために、その知識の世界に安住して周りが見えなくなっているのです。そういう人を、知識無明というのです。それが、何でも分かっていることにしていることの暗さであり闇です。人生の立脚地、居り場所が、自我の思いの世界になっているのです。しかし、そこは自分の思いの中の世界ですから、自分でそのことに気づけません。だから、当然また、そこから抜け出すこともできません。無始以来、生死の迷いの中にいて、そこから出る縁の無い存在が、凡夫である私たちなのです。真実を見る眼、真実を聞く耳を失っているのが、現代を生きる私たちではないでしょうか。仏法では、無眼人《むげんにん》、無耳人《むににん》と指摘されています。

そのような、真実の世界、いのちの世界が目の前にあることに気づかずに、自分の思いの中を生きている生き方を、仏教では罪な生き方、迷いの人生といいます。仏教でいう罪とは、真理を知らないこと、すなわち無知、無明であることが罪なのです。

真実を知らないから、私たちの生き方が迷いの生き方になり、真実のいのちに背いた生き方が、苦悩の人生にするのです。その罪な生き方の原因である、自分の無明に気づけない私たちのありさまが、罪悪深重、煩悩熾盛の凡夫といわれるすがたです。

私たちが、迷いの世界、苦悩の世界から抜け出すには、真実の教えを聞き、真実の光に遇うことが大事なことであると思います。

四　愚者になりて往生す

親鸞聖人は、真実の教えを聞き、真実の世界に目覚めることを、愚者になりて往生すと教えられています。そのことを、具体的な事例を通して考えてみたいと思います。

これは以前に、名古屋の念仏医者、丹羽是先生が語られていた話です。

ある時、先生の病院に一人のおばあさんが診察にみえた。最近身体の具合が悪い。身体がだるいし、頭も痛いといわれる。事実、顔色も悪い。先生はいろいろ身体を診察し、検査をされた。けれども特にどこも悪いところはない。

「おばあちゃん、いろいろ検査してみたが特に身体の悪いところはないよ」

「先生、そんなこというても、わたしゃ現に頭も痛いし、身体もだるいよ」

「そうか……」と、先生。しばらく考えてから、おばあちゃんにこう問い掛けた。

「ところで、おばあちゃん、あんたんとこに若嫁さんがいるじゃろ」

「うん、いるよ」

「いい嫁さんじゃろ」

「そうや。いい嫁さんや。はたらきもので、わしにも親切にしてくれるし」

「そうじゃろ。ところでね、おばあちゃん。あんたの頭の痛い原因は、そのいい嫁さんだと思うが、どうやろ」

「そういわれても……」

と、おばあさんには、なぜそうなるのか理由が分からない。

そこで丹羽先生、少し説明をされた。

「おばあちゃん、若嫁さんがいい嫁さんだから、自分もいいお姑さんにならにゃいけんと思ってがんばっているんじゃないかな。若嫁さんの掃除が行き届かないところがあったり、台所仕事で洗い残しが目についても、いちいち注意すると、うちのお義母さんはきついといわれたくないから、我慢しているんじゃないかなあ。いい嫁さんだからというので、遠慮していいたいこともいわないことが、たまにはあるんじゃないかなあ」

「うん、そういうこともあるなあ」

「そうだろう。ところでね、おばあちゃん。たとえばね、おばあちゃんが若嫁さんと握手しょうと思う時、二人の間に垣根があって、垣根越しに握手するのと、そんなもん何にも無くて握手するのとどっちがいいだろう」

「そりゃあ、何にも無いほうがいい」

「そうだろう。そういうことだ」

といって、どうせよとは何もいわずにその日は帰した。

その後、しばらく音沙汰がなかったが、二週間ぐらいたってから、そのおばあさんがまたやってきた。今度は顔色もいい。

「先生この前のお礼にきた。おかげで頭の痛いのも治った。身体もこの通り元気になった」

「そうか、それはよかった。ところで、おばあちゃん。この間は、私はおばあちゃんにどうせよとはいわなかった。どうして治ったのか。おれに教えてくれないか」

「うん、あの時、先生にああいわれて、帰り道いろいろと考えた。そして、夕食の時、みんなが集まったところで、『実は今日、病院へ行って先生にこういうことをいわれた。だから、わしは今日から一切遠慮しないでいわせてもらうから、私の病気のためだと思って勘弁してちょうだい』と、若嫁さんの前に手をついて頭を下げた。すると若嫁さんも、『おばあちゃん、いいですよ。私も遠慮なしでいわせてもらいますから、いい過ぎたら勘弁してくださいい』と頭を下げてくれた。そうしたら、なんかすーとした。おかげで頭の痛いのも治りました」

と話してくれたということです。

丹羽先生は、ここに南無阿弥陀仏の道理がはたらいていると話されました。本当にその通りだと思います。頭を下げることが、南無ということです。そこに広い暖かい、心が通じ合う世界が開けてくるのです。心の壁が破れて、共に手を繋いでいける世界が向こうから開かれてくるのです。それが阿弥陀の世界、お浄土です。

私たちは、自分の思いの世界を生きています。このおばあさんは、丹羽先生の話を通して、自分の身勝手に思いえがいた世界に縛られていることに気づかれたのです。つまり、真実の光、教えに出遇われたのです。自分の思いの世界が、身勝手な自我の世界であったと気づき、頭の下がることを、愚者になるといいます。自我否定であり、今までの自分の立脚地を捨てることです。自力無功の信知です。そこに、思いもかけず向こうから開かれてくるのが、阿弥陀の世界です。

そういう世界をたまわることを、往生といいます。若嫁さんと遠慮なく心を通わせることのできる、いのちの一なる世界です。愚者になるということは、私たちが生きている思いの世界が、絶対的に否定されることです。そこに自然《じねん》に、真実のいのちの世界、浄土をたまわるのです。それが真の人間に成る道であり、救われるということです。信心獲得の世界です。

自己の愚かさ、私のいのちの事実に気づくこと、愚者の自覚が、同時に気づかせてくれた真実のいのち、阿弥陀の本願に目覚めること。そこに私の立脚地の転換、自我の自分から、真実の自己への転換が起こるのです。

それを親鸞聖人は、「浄土宗のひとは愚者になりて往生す」といわれているのです。

収載論文初出一覧

一　『無明からの目覚め』
　　ＮＨＫラジオ第二放送「宗教の時間」二〇〇七年九月三〇日放送
二　『いのちの大地の上で』
　　ＮＨＫ Ｅテレ「こころの時代」二〇一二年二月二六日放送
三　『智慧、慈悲そして方便』
　　『学びの友』（中央仏教学院通信教育部）第二一巻二号、一九九三年一〇月
四　『愚かなる者―仏教の人間観―』
　　『学びの友』（中央仏教学院通信教育部）第一四巻新年号、一九八七年一月
五　『御同朋の精神―仏教の歴史的展開の中から―』
　　『学びの友』（中央仏教学院通信教育部）第一四巻二号、一九八六年一一月
六　『浄土真宗は霊魂をどう見ているか』
　　『宗教』（教育新潮社）一九九五年九月号
七　『呼び声は西風に乗って』
　　（書き下ろし）
八　『自己の立脚地の転換―浄土真宗の教えの根本―』
　　『宗教』（教育新潮社）一九九九年一一月号
九　『愚者になりて往生す』
　　『宗教』（教育新潮社）二〇〇二年九月号

あとがき

私もいつの間にか後期高齢者の仲間入りです。そんなこともあって、昨年（平成二七年）数回の入退院を繰り返しながら、自分がやってきたことを少し整理してみようと思い、だいぶ前に書いたものや、ＮＨＫのテレビ、ラジオで対談したものをまとめて、整理してみました。みな同じことを書いたり、話したりしているようですが、その基本には「世界は二重構造」と「立脚地の転換」ということが私の仏教観・真宗観にあります。

その原稿を、法藏館の編集顧問の和田真雄氏が、丁寧に読んでくださって、編集し直してくださったのがこの本です。もともとバラバラに並べていたものを見事に三つの分野に分けて整理していただきました。第一章は、「仏教」の世界観―世界は二重構造―をもとに、仏教が本来明らかにしている救いの世界を語ったもの、第二章は、仏教という広い枠から見た「浄土真宗」の意義を、そして第三章は、主として浄土真宗の救いに関する論考、というようにまとめてくださいました。おかげで、大変読みやすくなりました。

また、同社編集部の田中夕子氏には細かい点についていろいろアドバイスをいただき、おかげで本の体裁を整えることができました。ともどもにお礼を申します。

さらに、龍谷大学大学院時代からの親友、龍谷大学名誉教授であり、浄土真宗本願寺派勧学でもあられます林智康先生には、忙しい中「推薦の辞」を書いていただき、また原稿全部を精読くださって、いろいろ貴重なアドバイスをくださった事、心より感謝申し上げます。

なお、このような形で、一冊の本として出版することを承諾してくださいました。日本放送協会関連事業局様、金光寿郎様、中央仏教学院様、教育新潮社様には心よりお礼申し上げます。

最後になりましたが、拙稿を本として出版してくださいました法藏館社長、西村明高氏に心からお礼申し上げます。

二〇一六年六月二〇日

谷川理宣

谷川理宣（たにがわ　りせん）

1941年、佐賀県武雄市に生まれる。佐賀大学文理学部（経済学専修）卒業。龍谷大学大学院博士課程修了（仏教学）。京都大学人文科学研究所中国中世思想史研究班で福永光司教授に仏典漢文の読み方を学ぶ。1977年、帰郷、九州龍谷短期大学で教職に就く。1996年、仏教学科教授を最後に退職。現在、浄土真宗本願寺派圓照寺住職（佐賀教区武雄組）。
著書に『いのちの大地に樹つ―現代真宗入門講座―』（単著・法藏館）、『生かされてあり―いのちに目覚める―』、『目覚めの信―他力の仏道―』（単著・共に百華苑）、『歎異抄事典』（共著・柏書房）がある。論文に「原文対照　教行信証引用文類研究」（Ⅰ～Ⅸ）、「大無量寿経と中国思想」、「親鸞の著述に見える中国思想」、「親鸞教学と蓮如教学」、「仏教思想における人為と自然」、「往生浄土と三願転入―場の転換と自覚の深まり―」など。

無明からの目覚め

二〇一六年八月二〇日　初版第一刷発行

著　者　谷川理宣
発行者　西村明高
発行所　株式会社　法藏館
京都市下京区正面通烏丸東入
郵便番号　六〇〇-八一五三
電話　〇七五-三四三-〇〇三〇（編集）
〇七五-三四三-五六五六（営業）

装幀者　大杉泰正（アイアール　デザインスタジオ）
印刷・製本　中村印刷株式会社

ISBN978-4-8318-8755-9 C0015